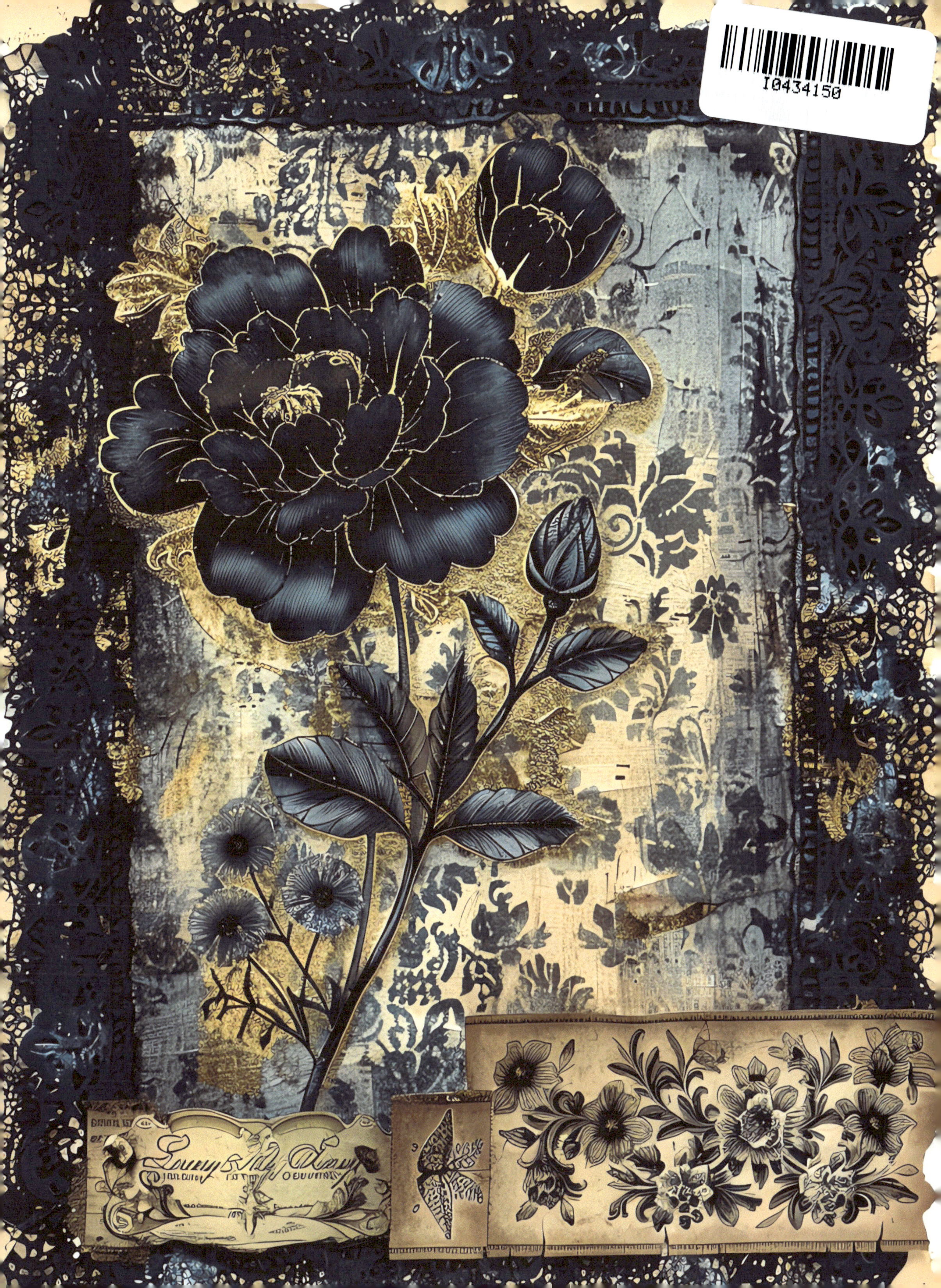

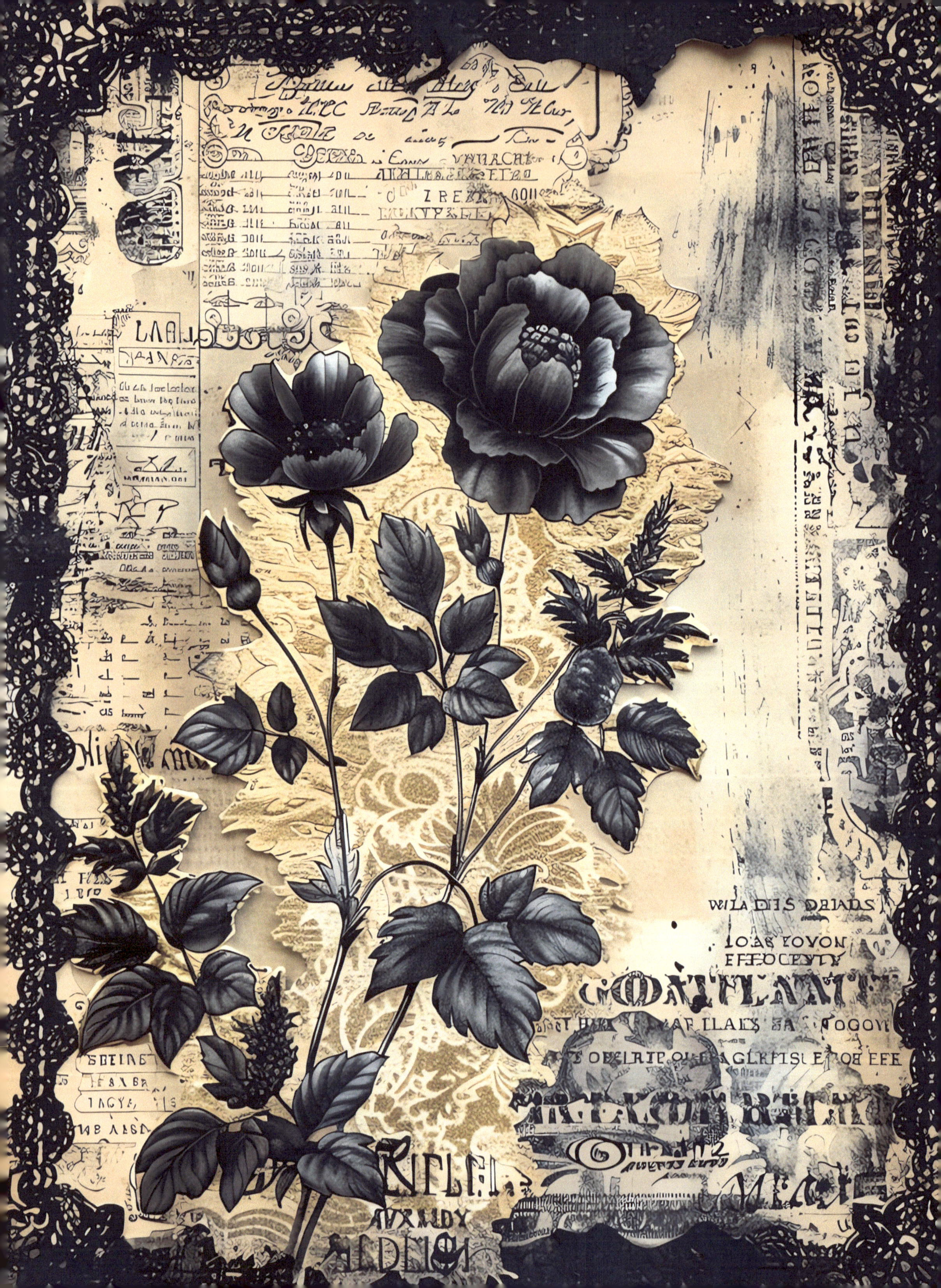

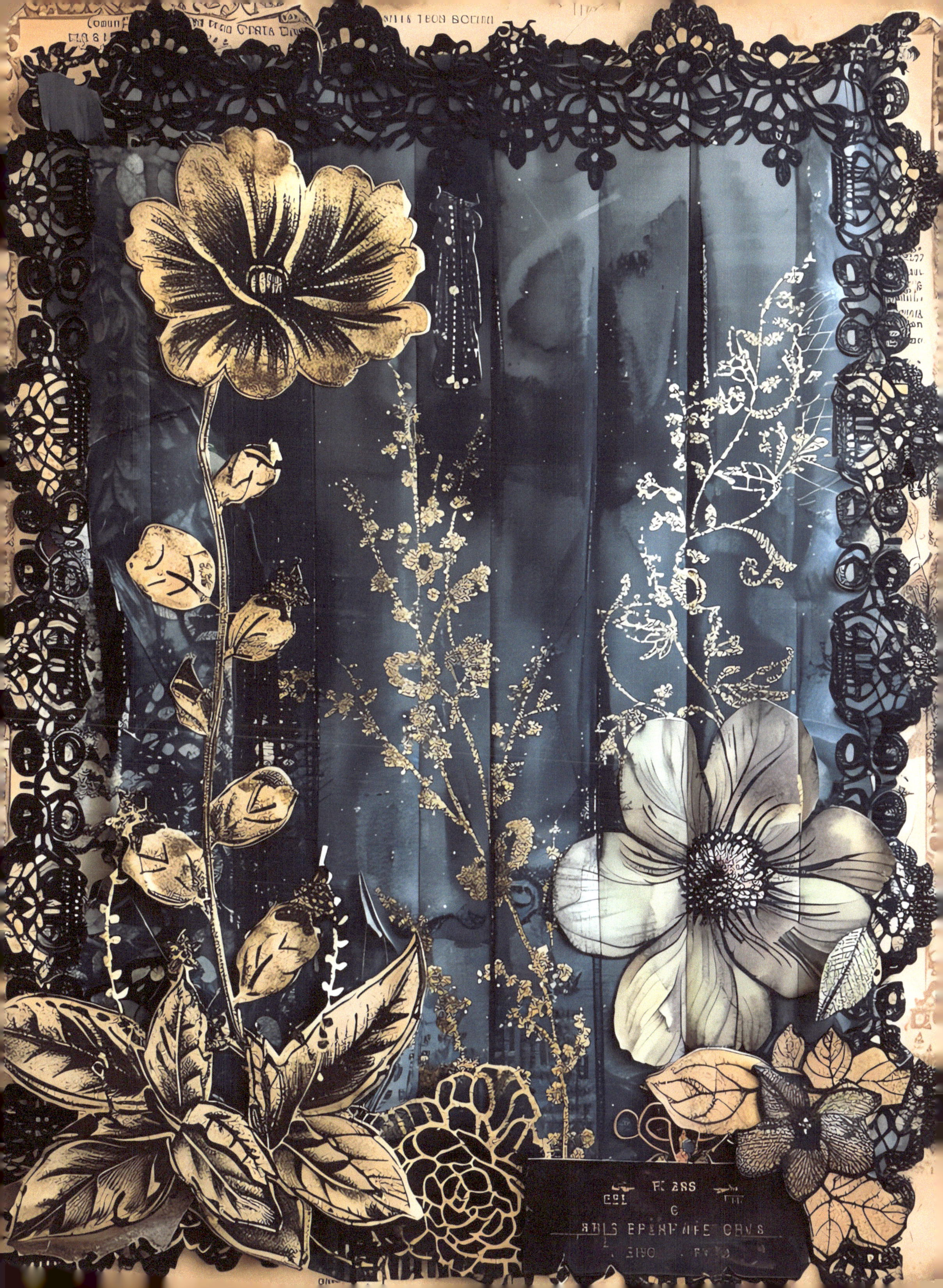

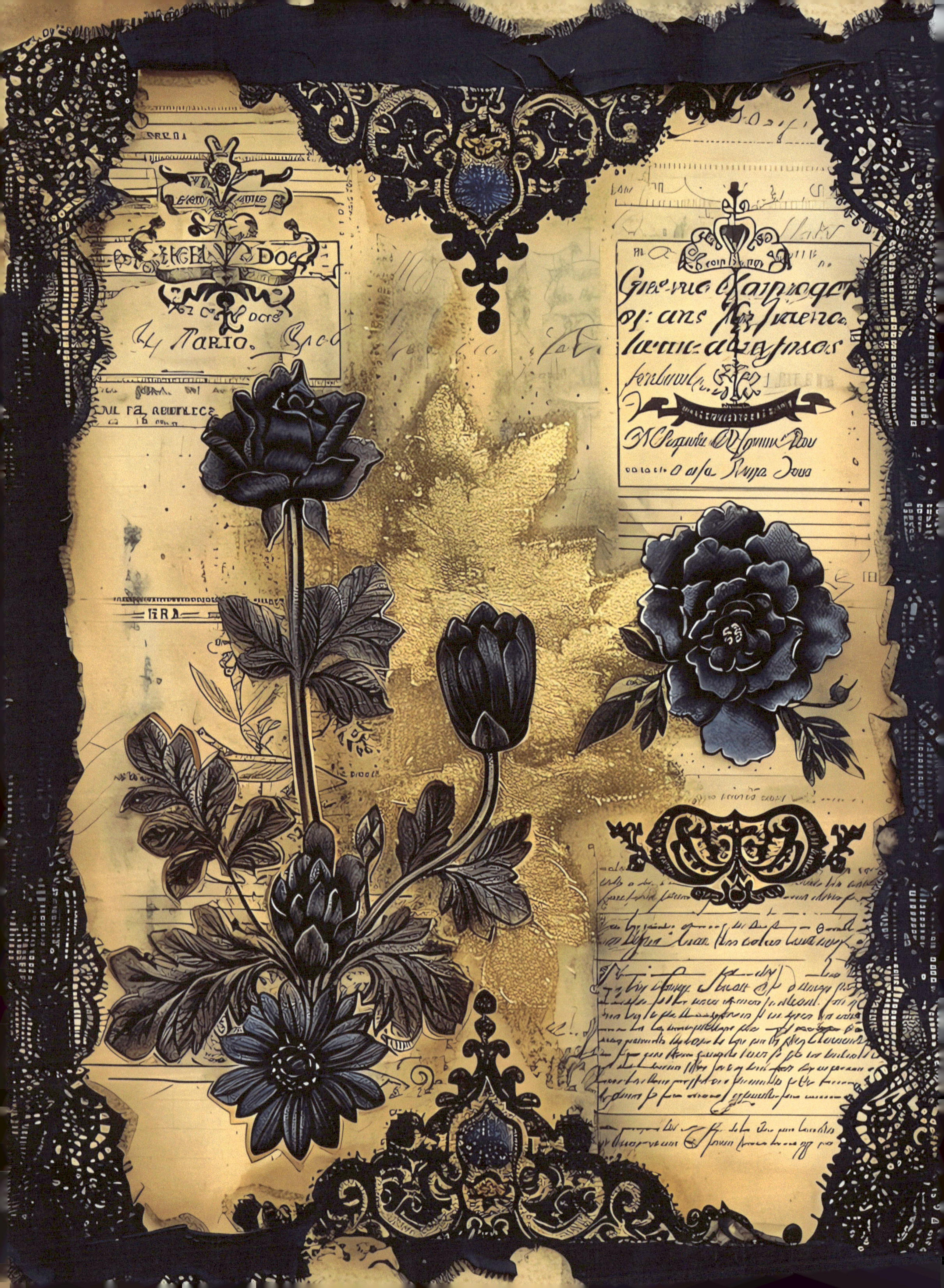

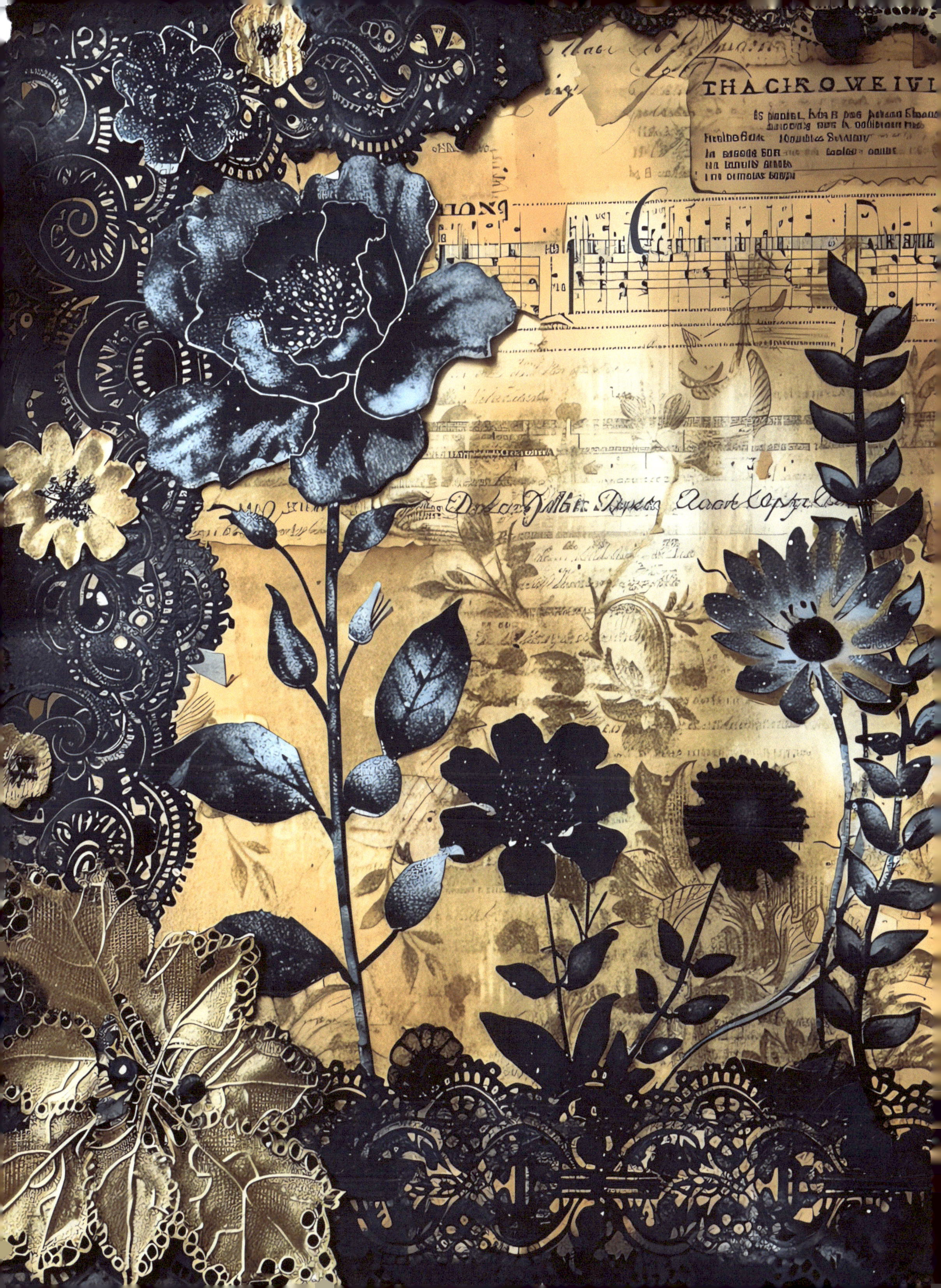

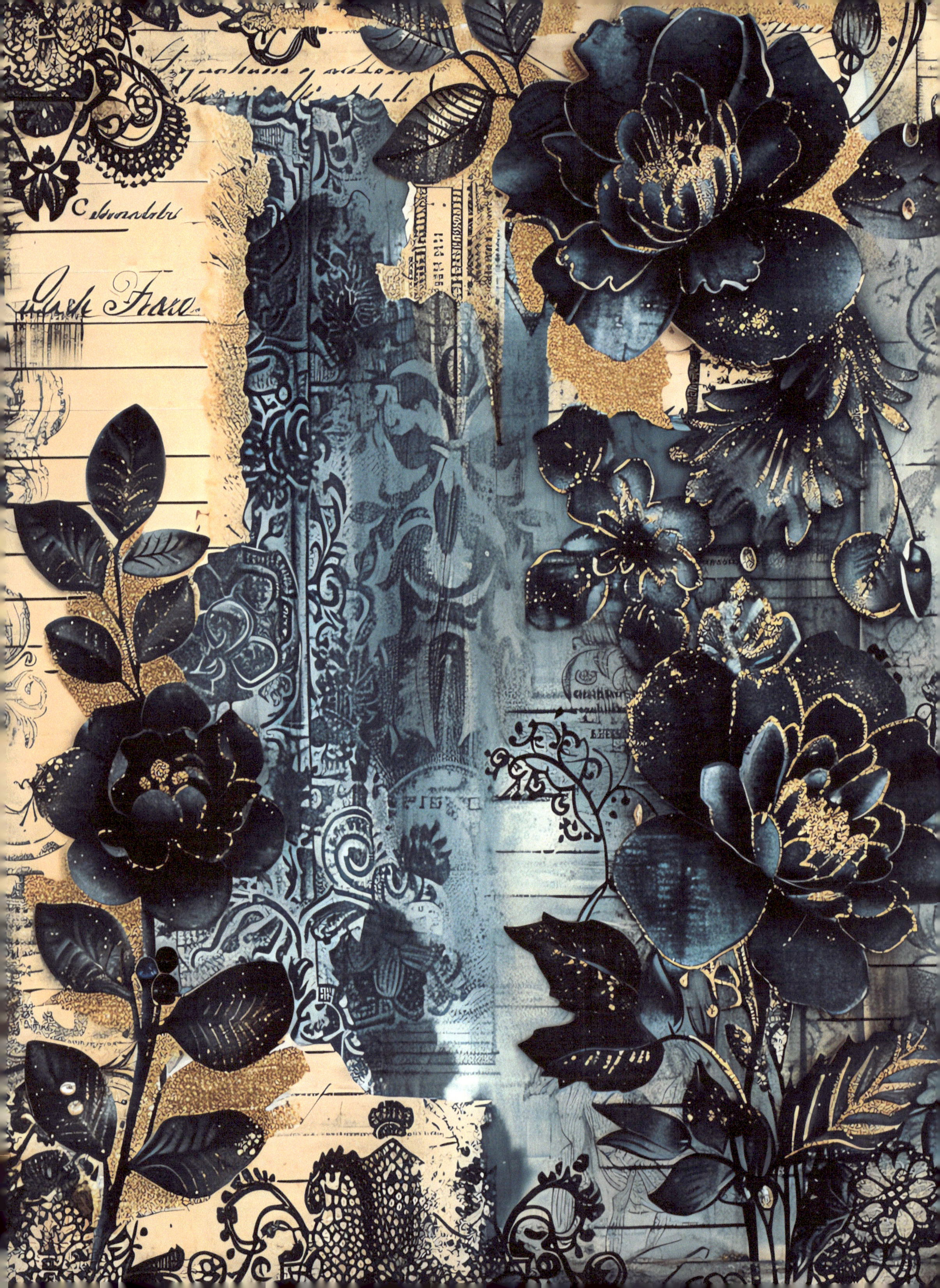

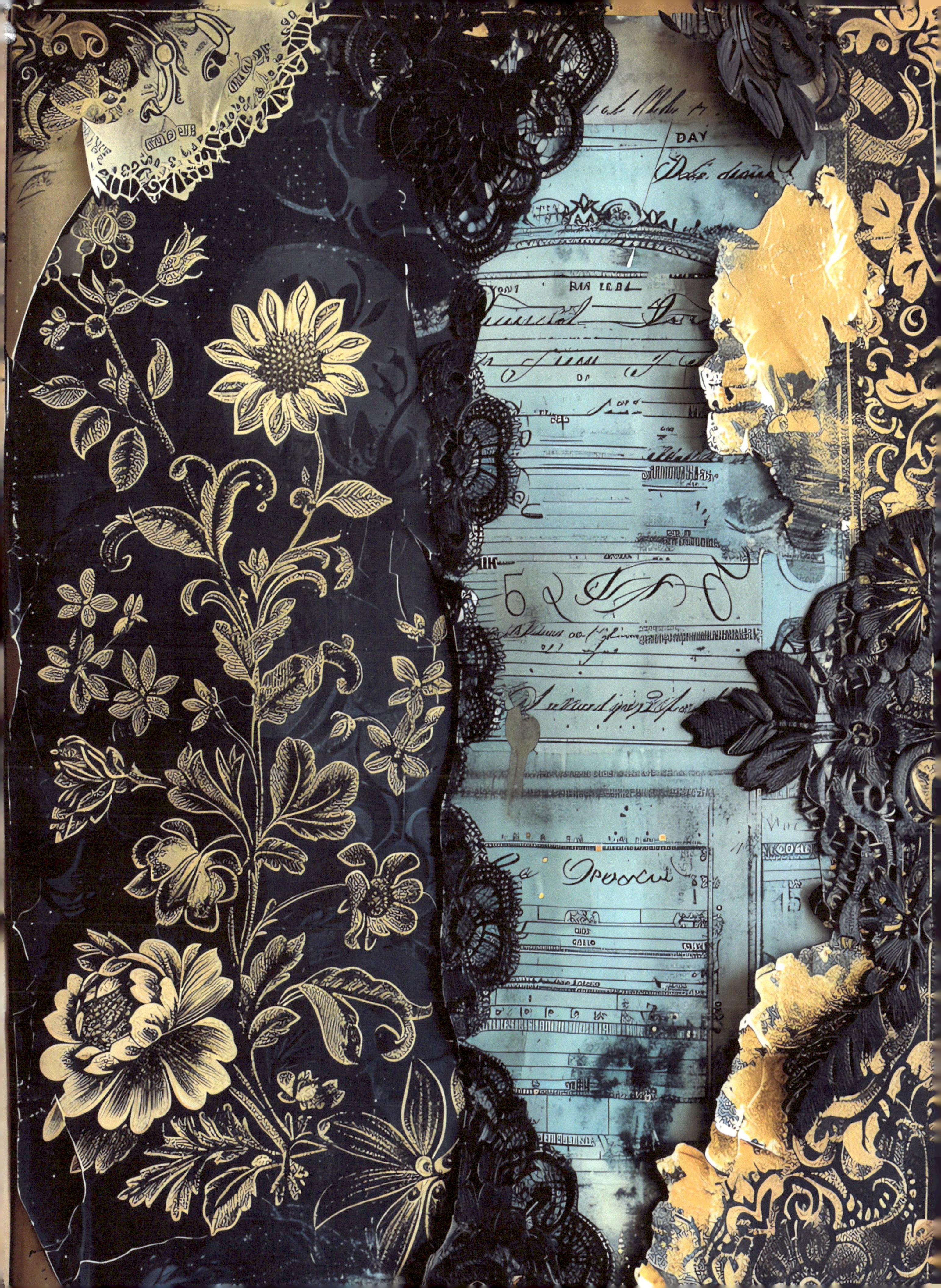
DAY

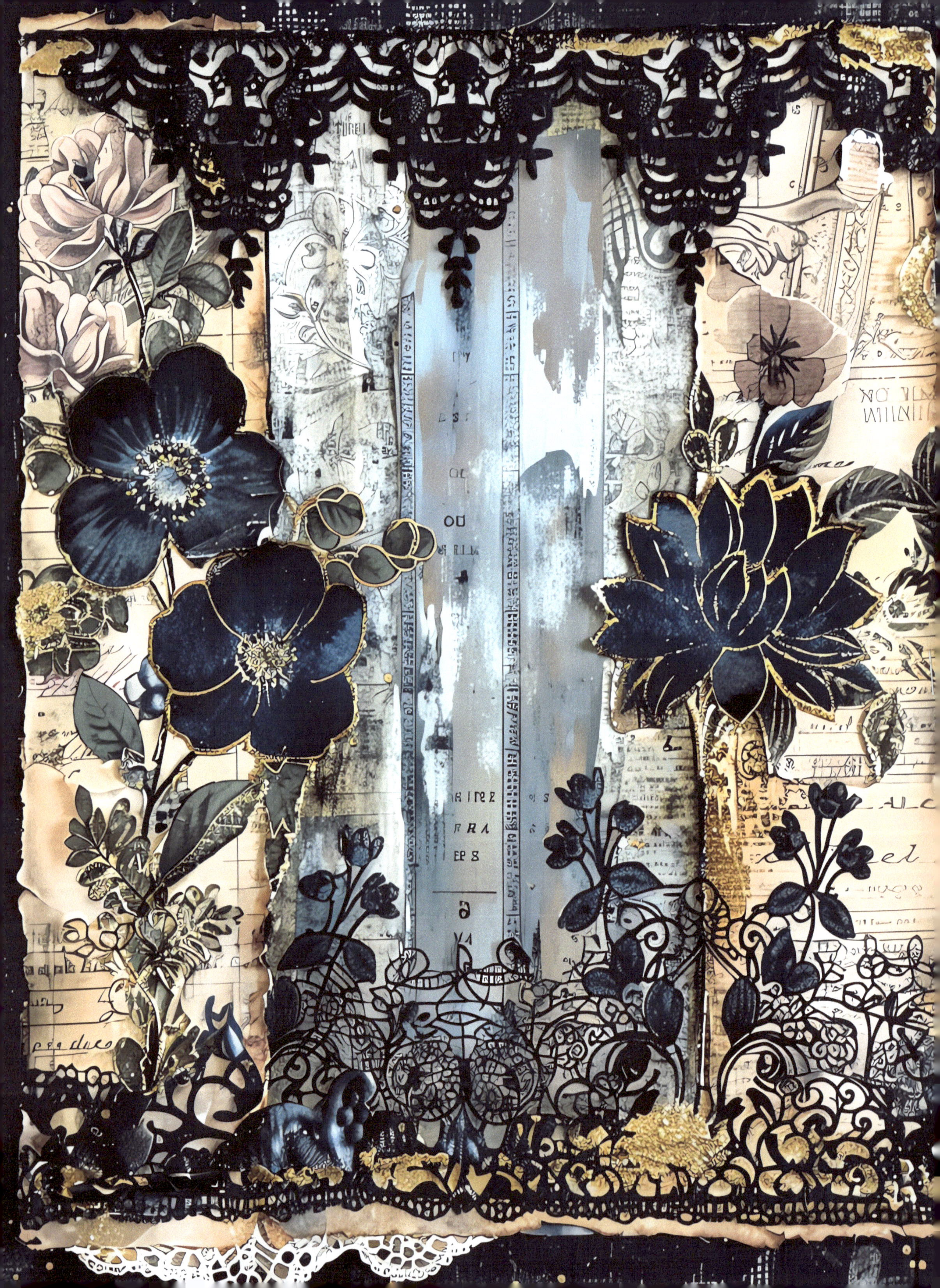

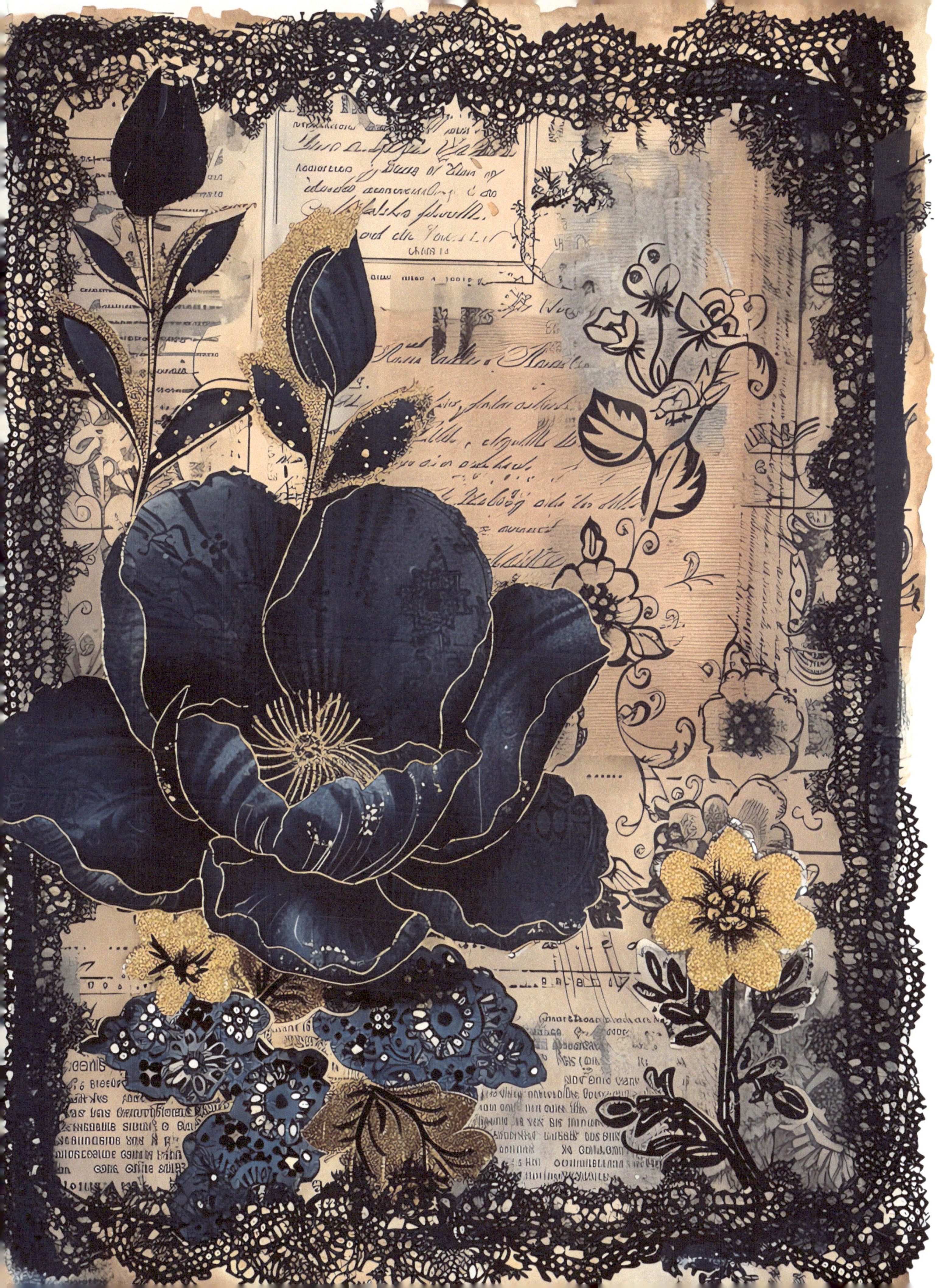

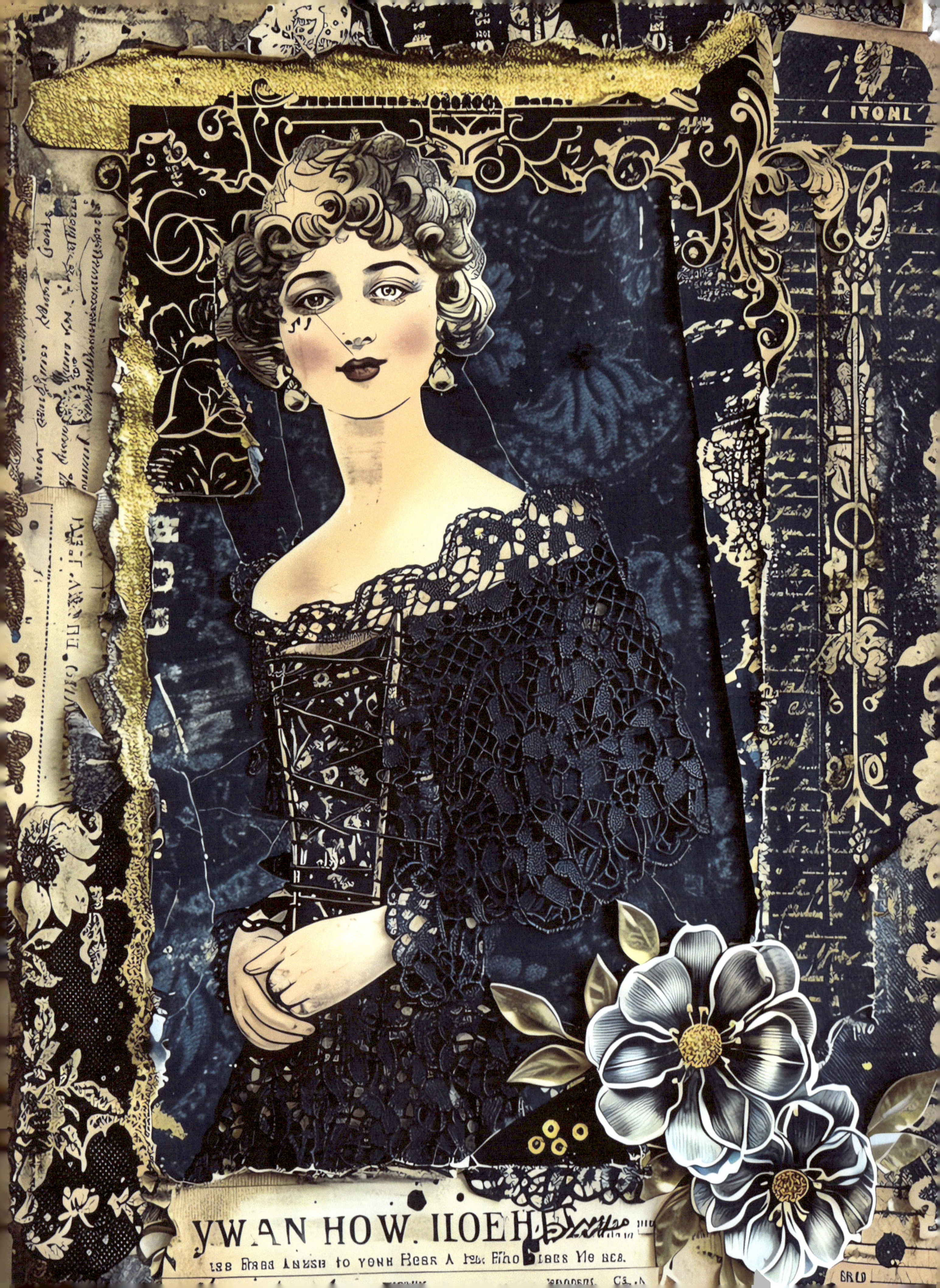

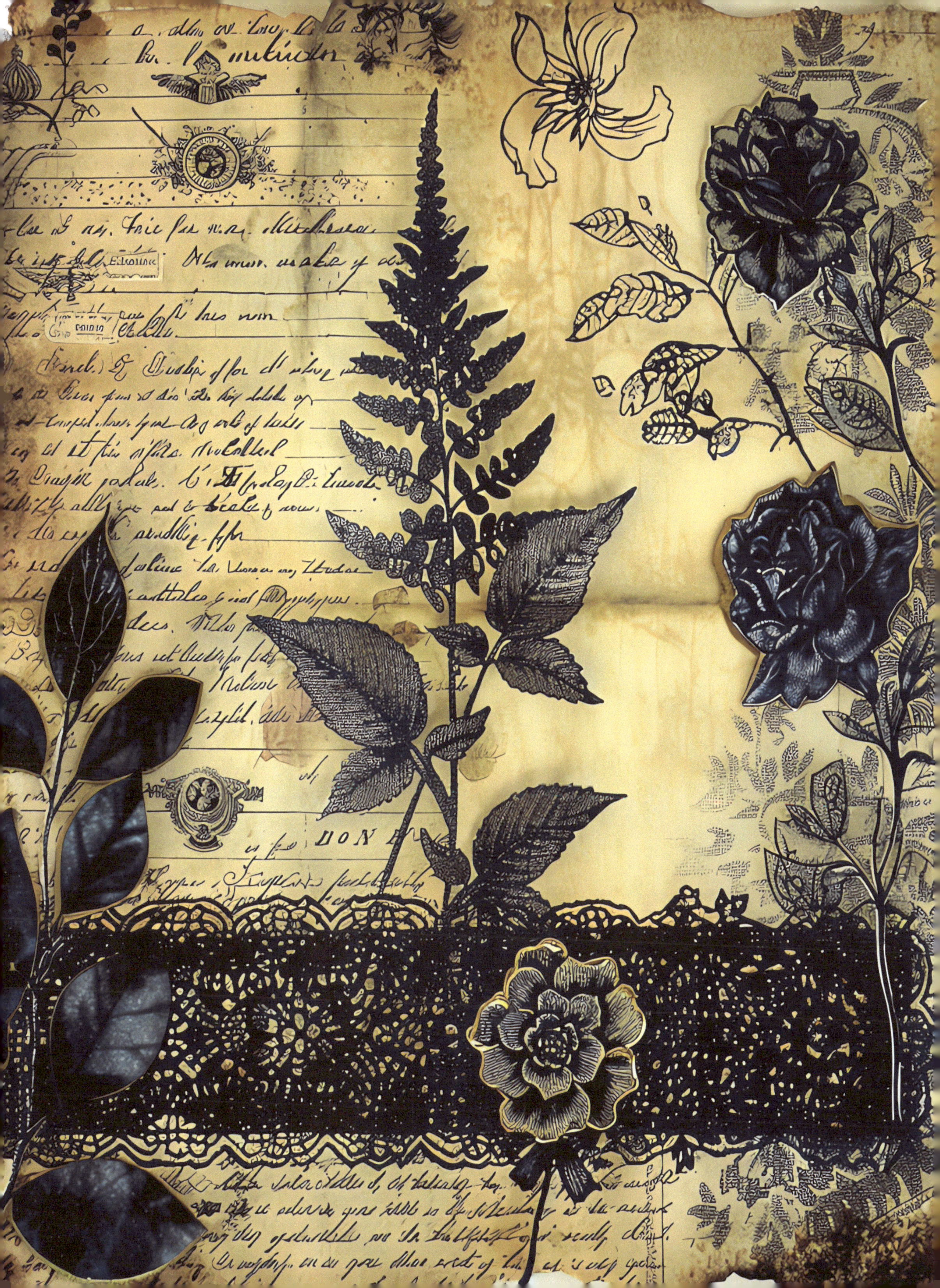

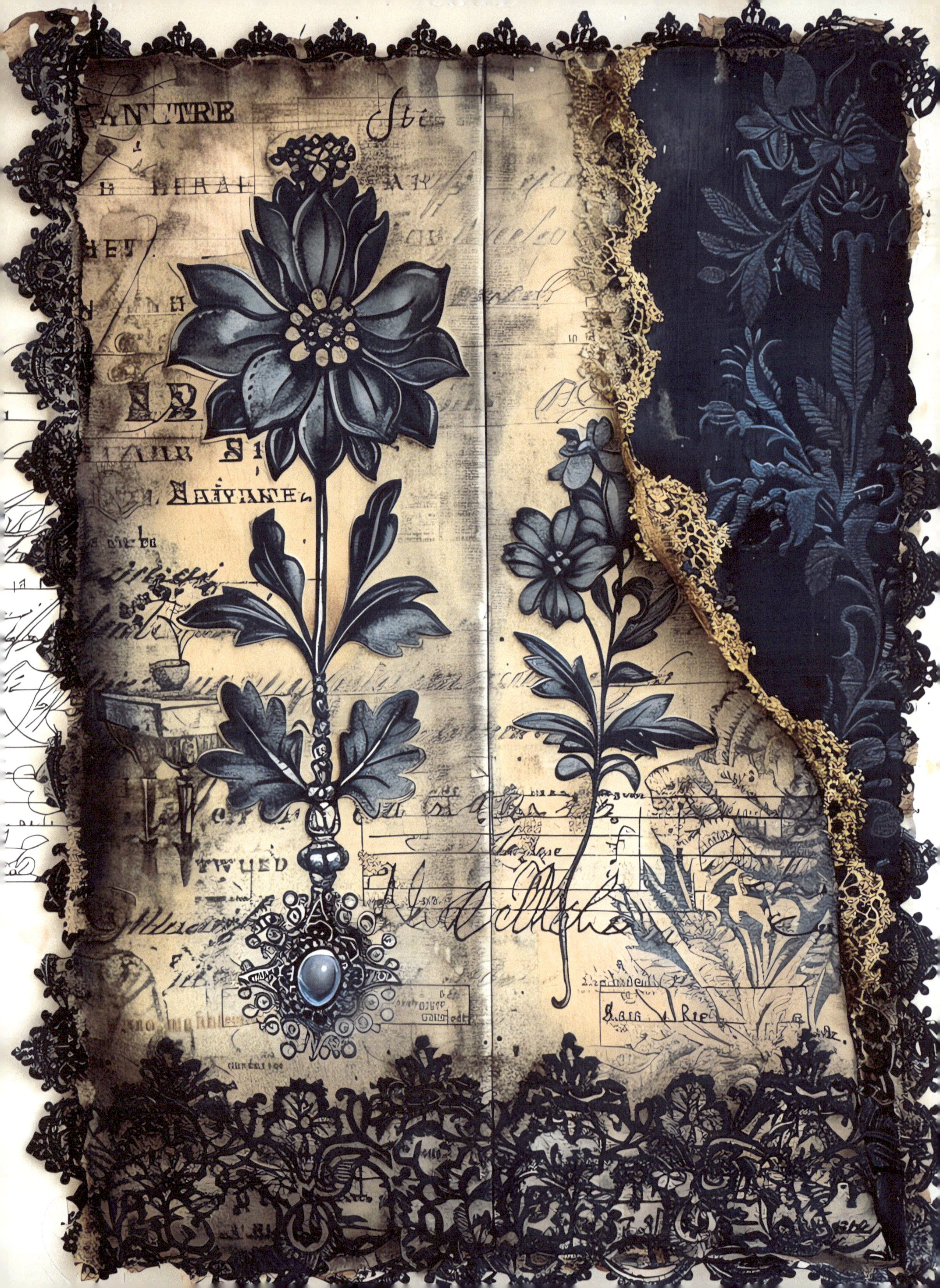

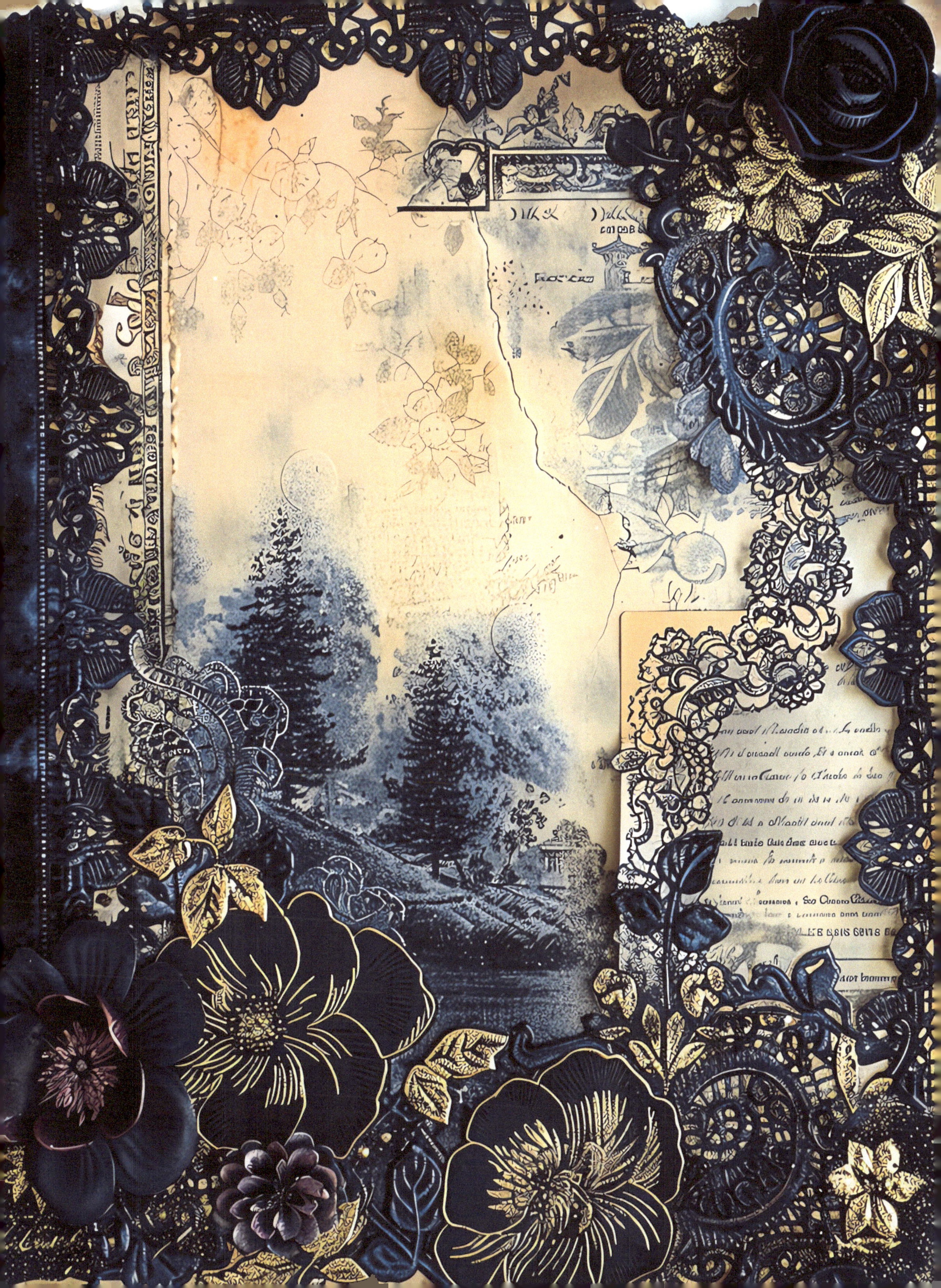

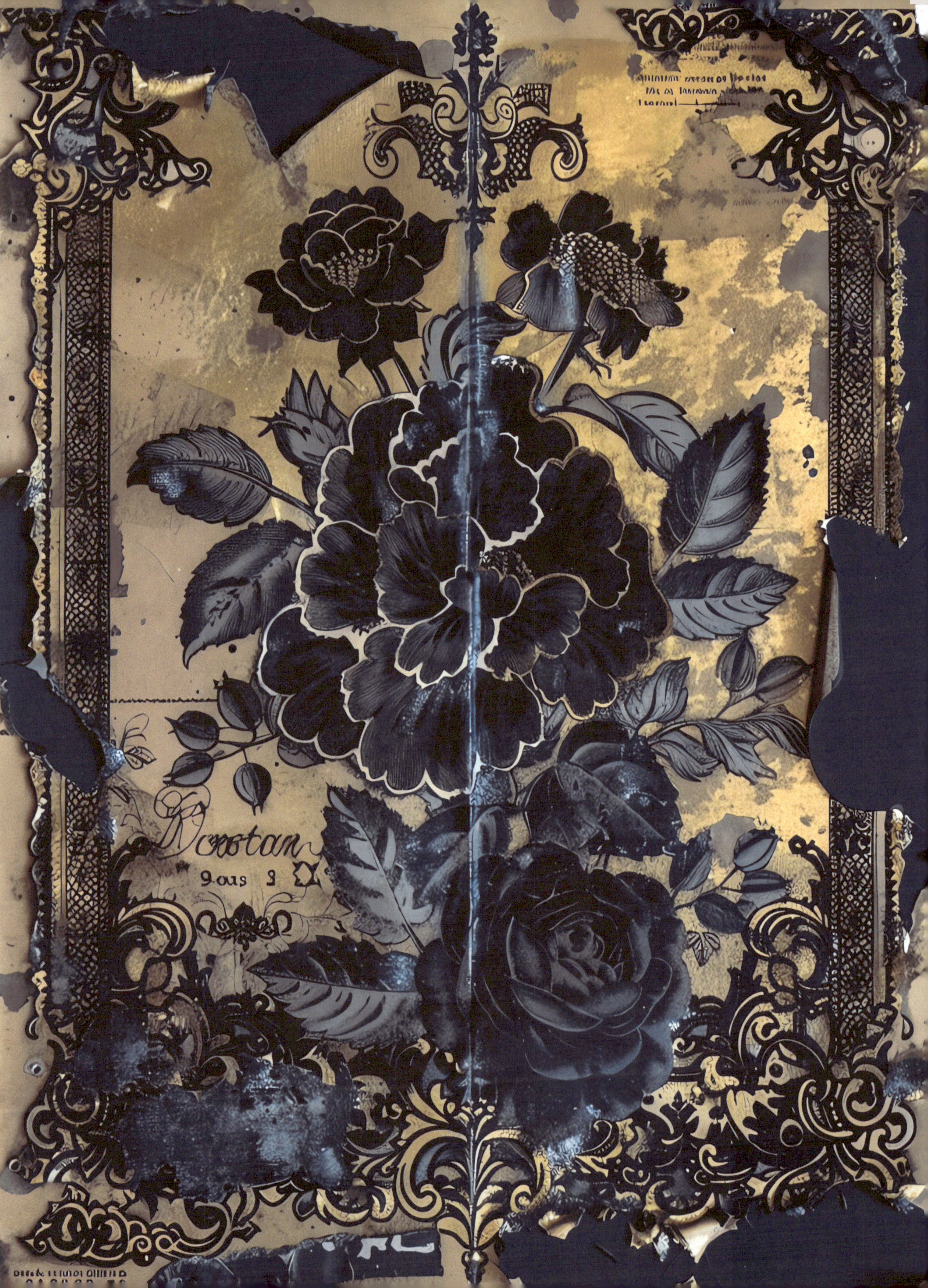

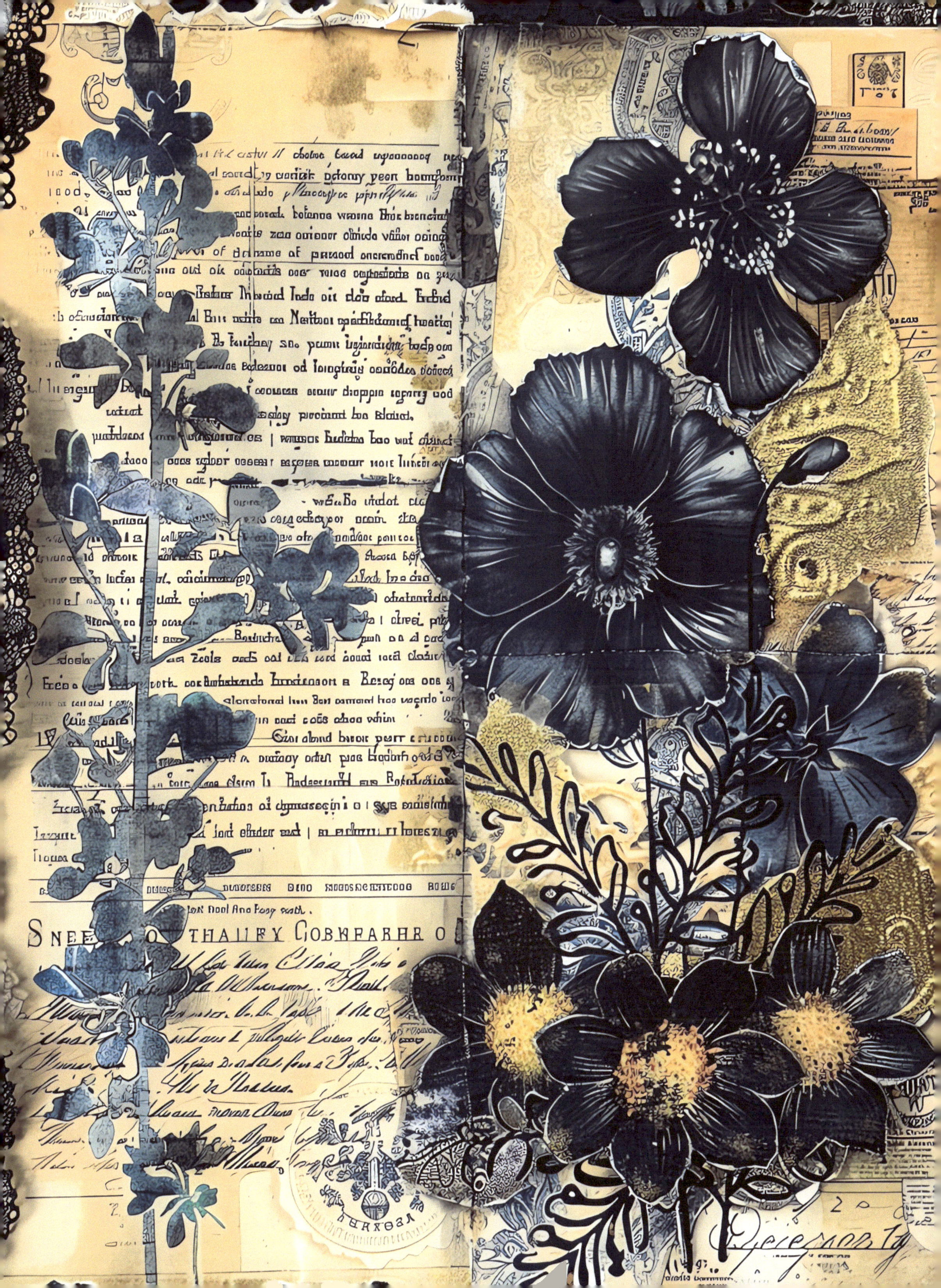

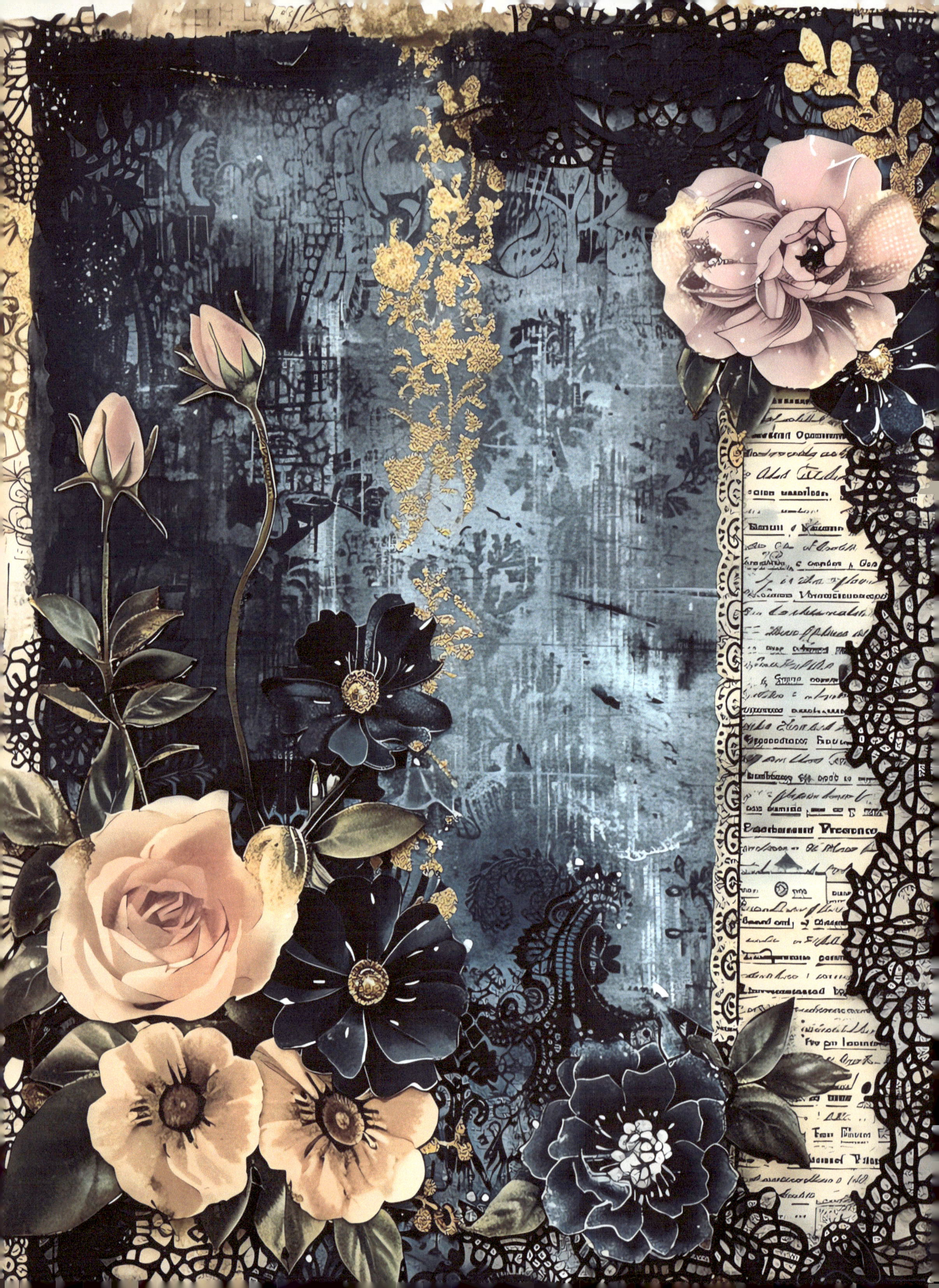

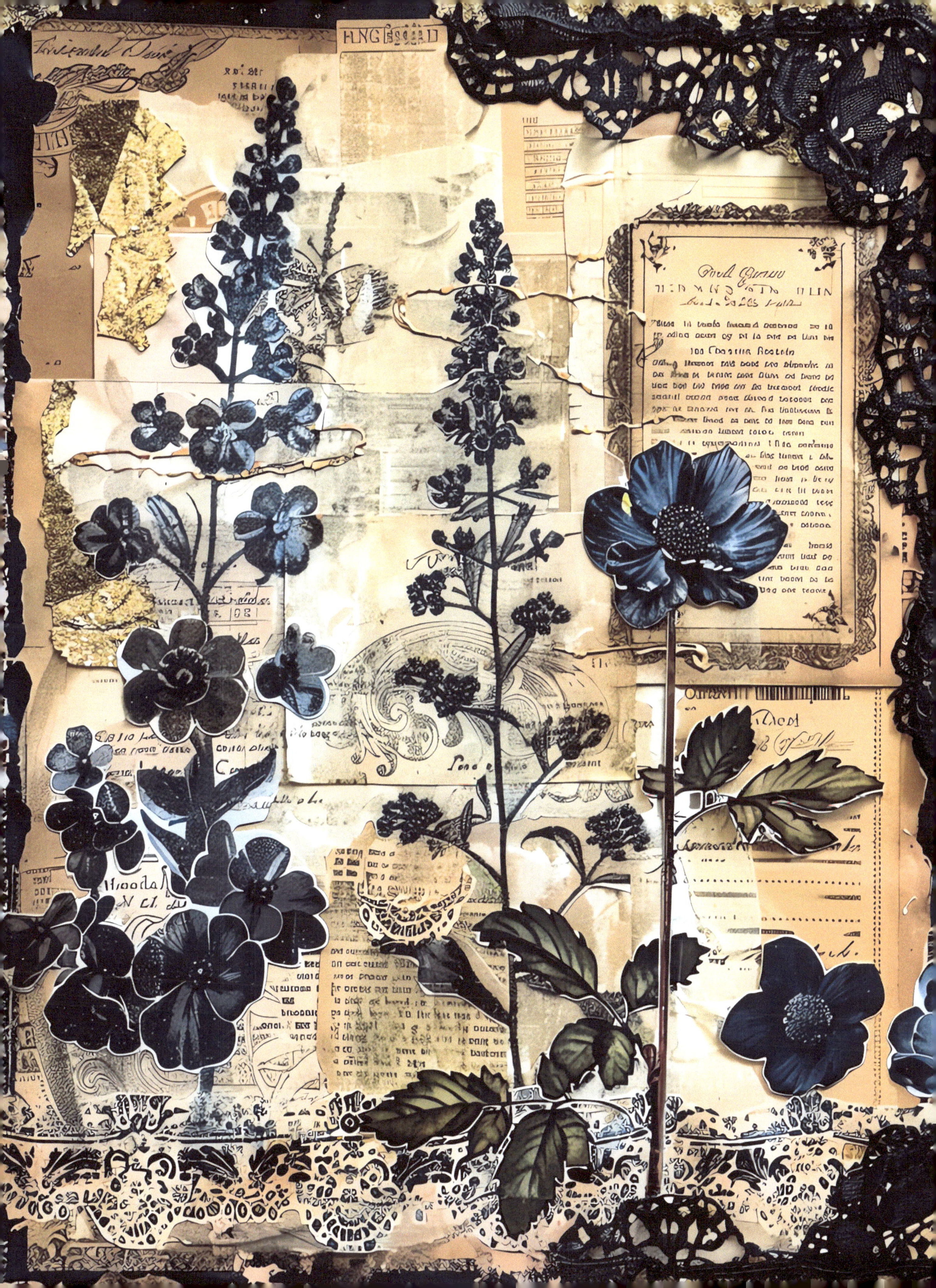

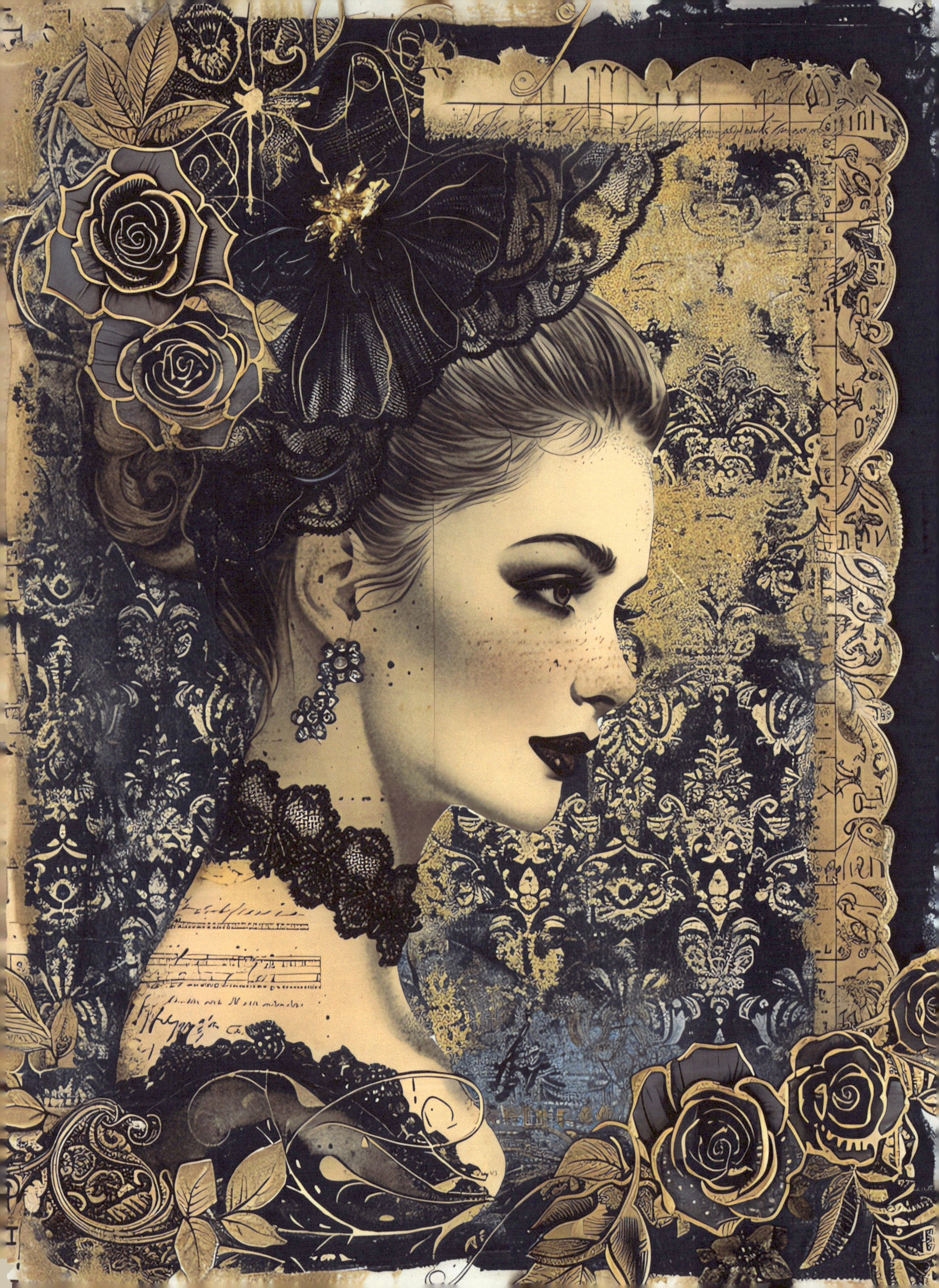

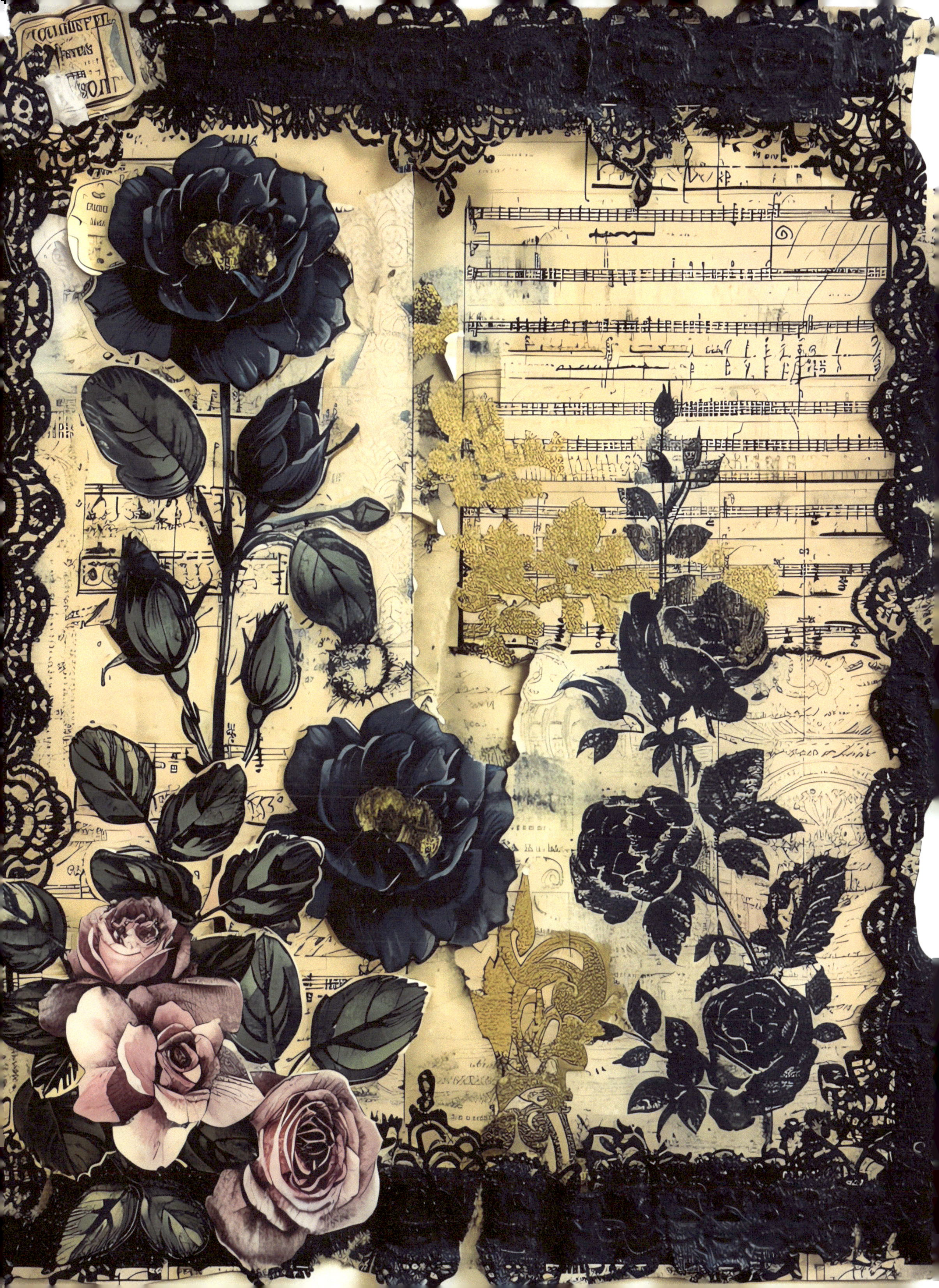

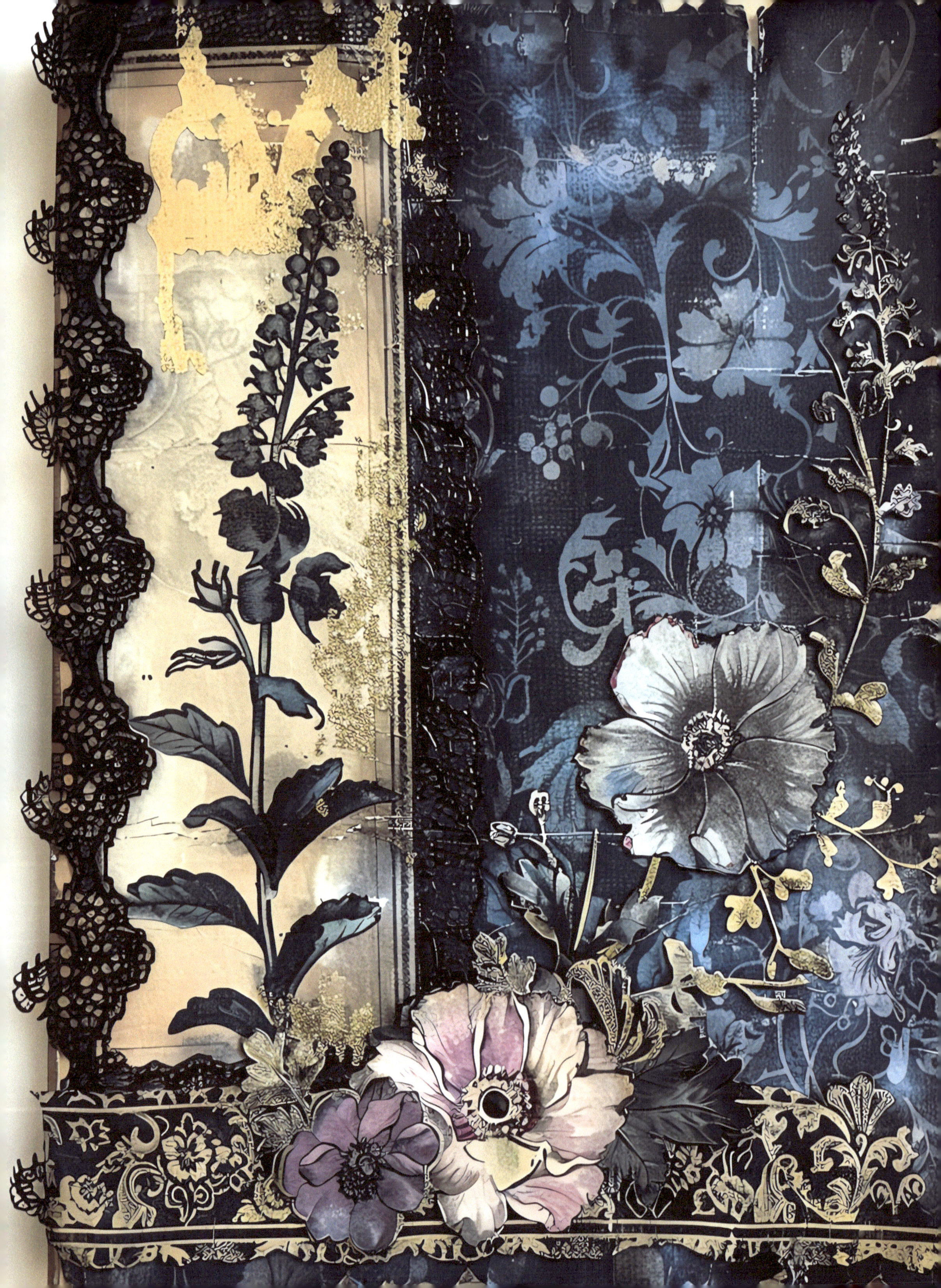

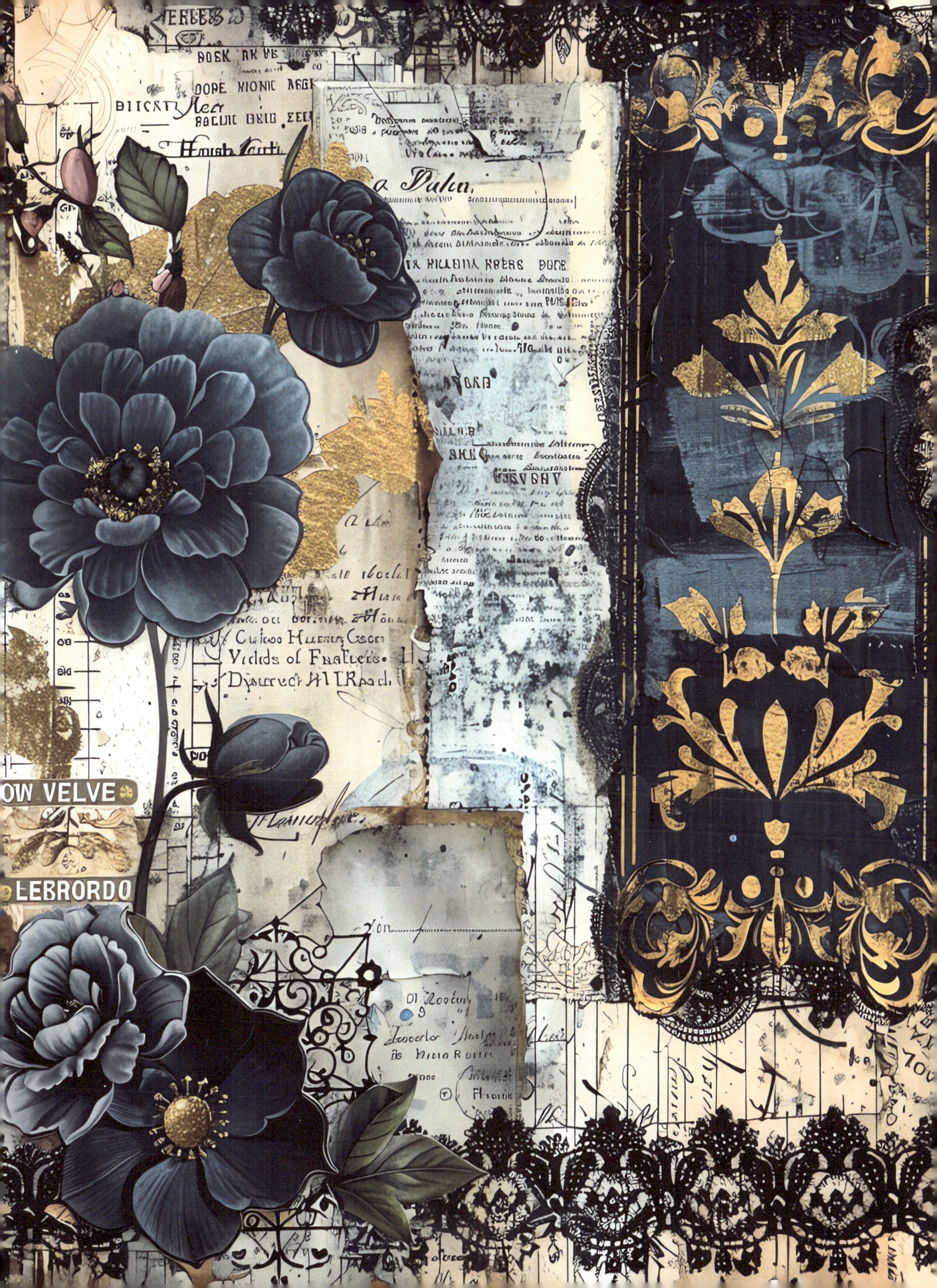
OW VELVE
LEBRORDO

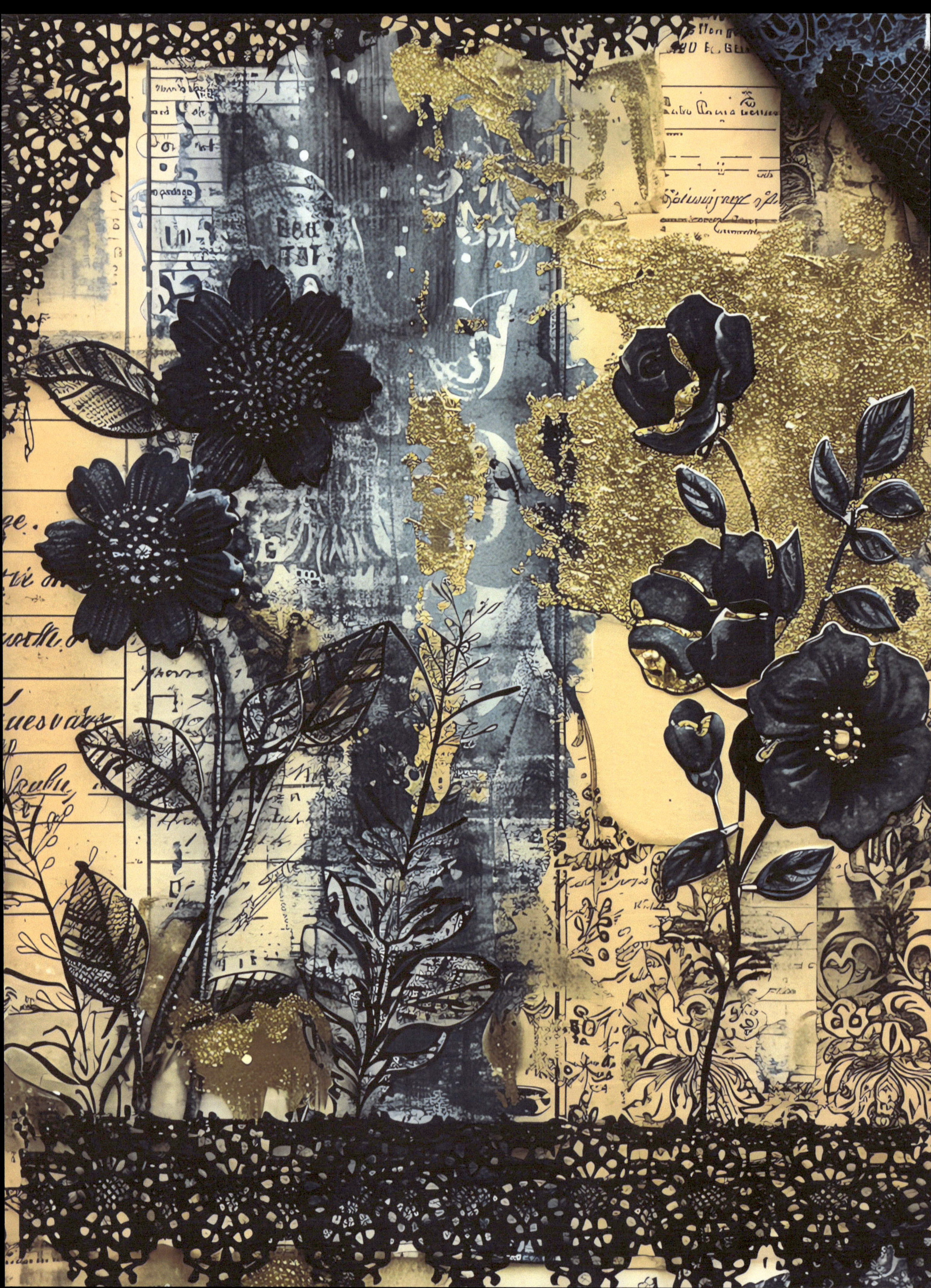

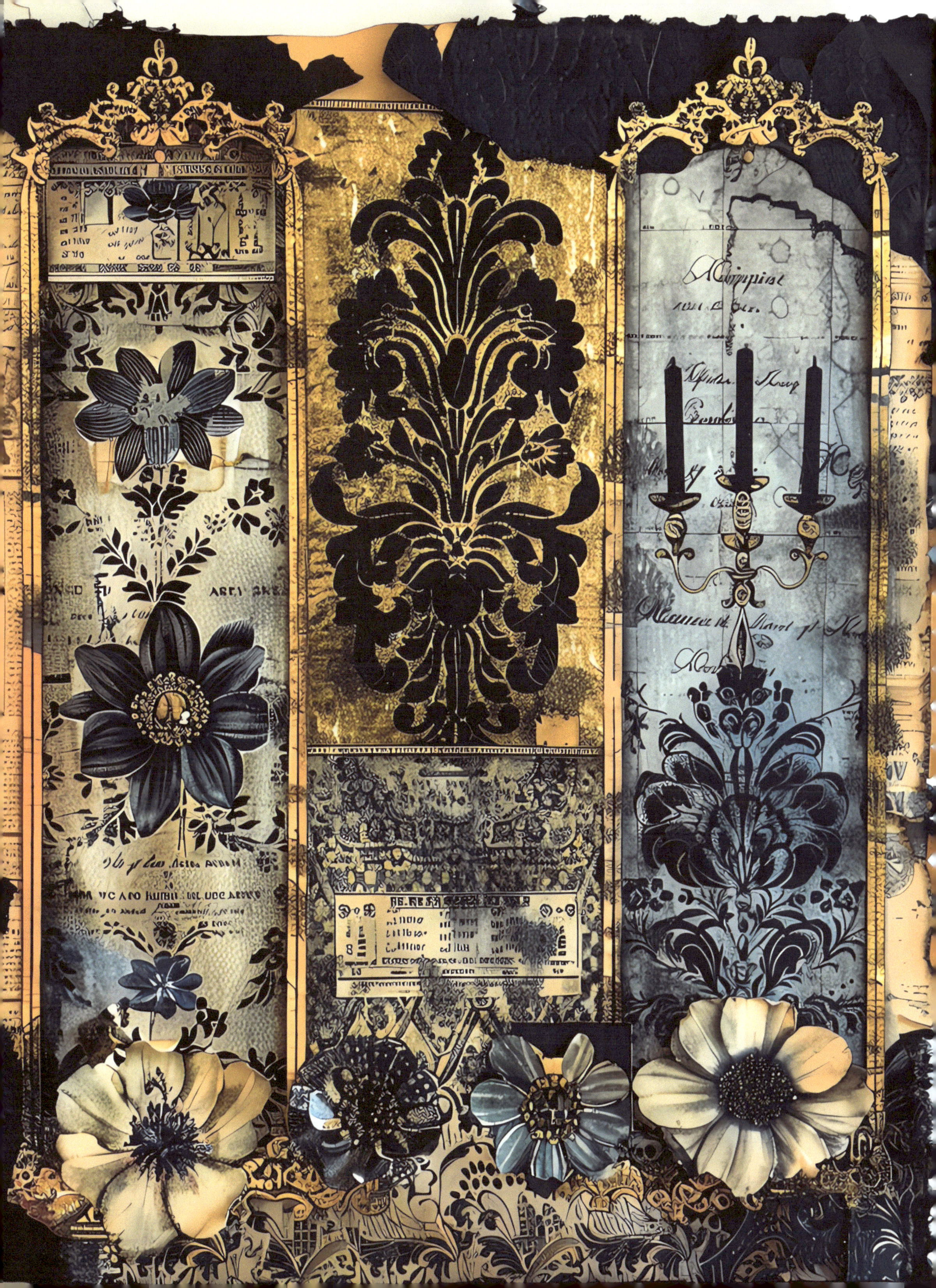

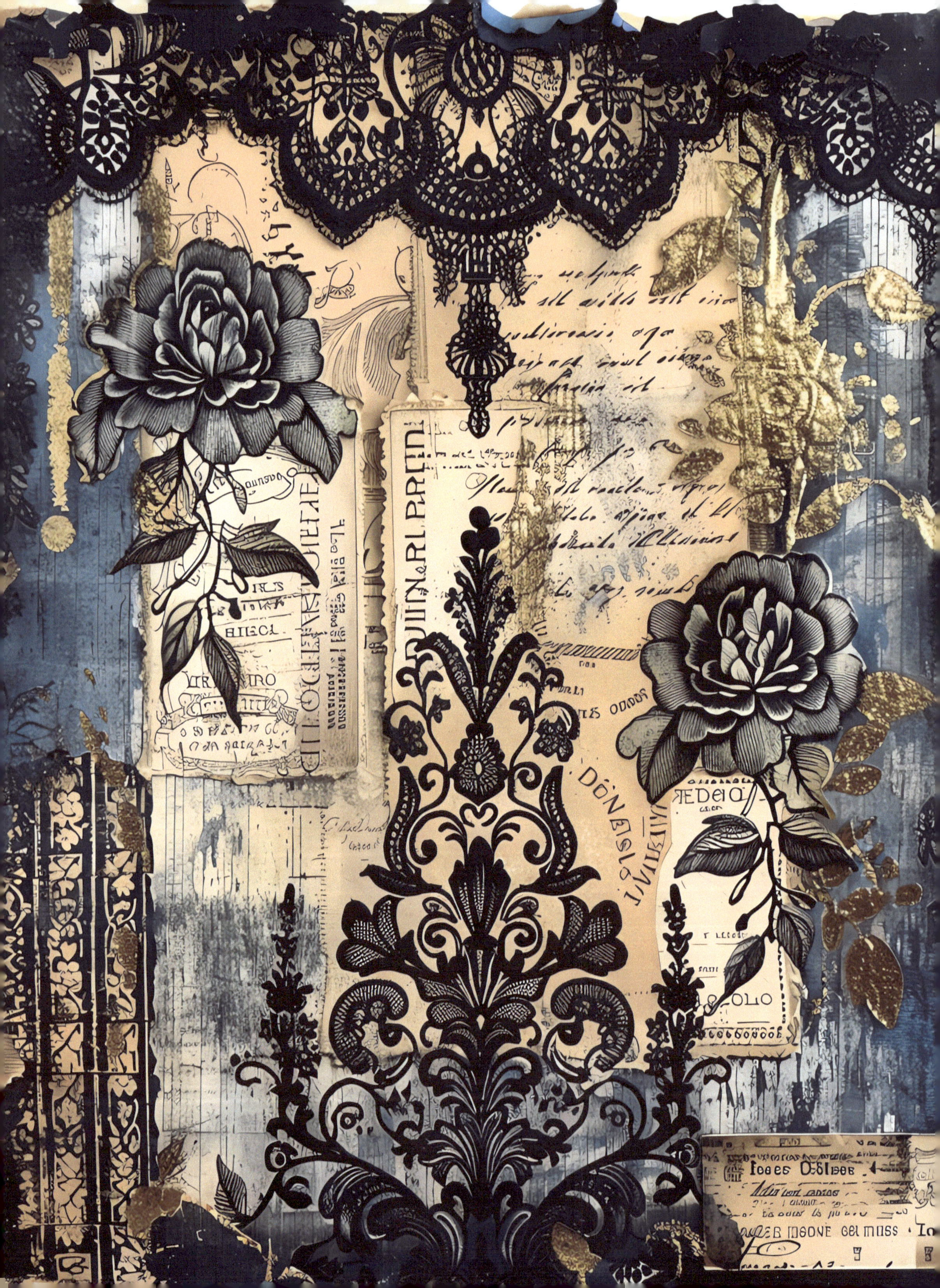

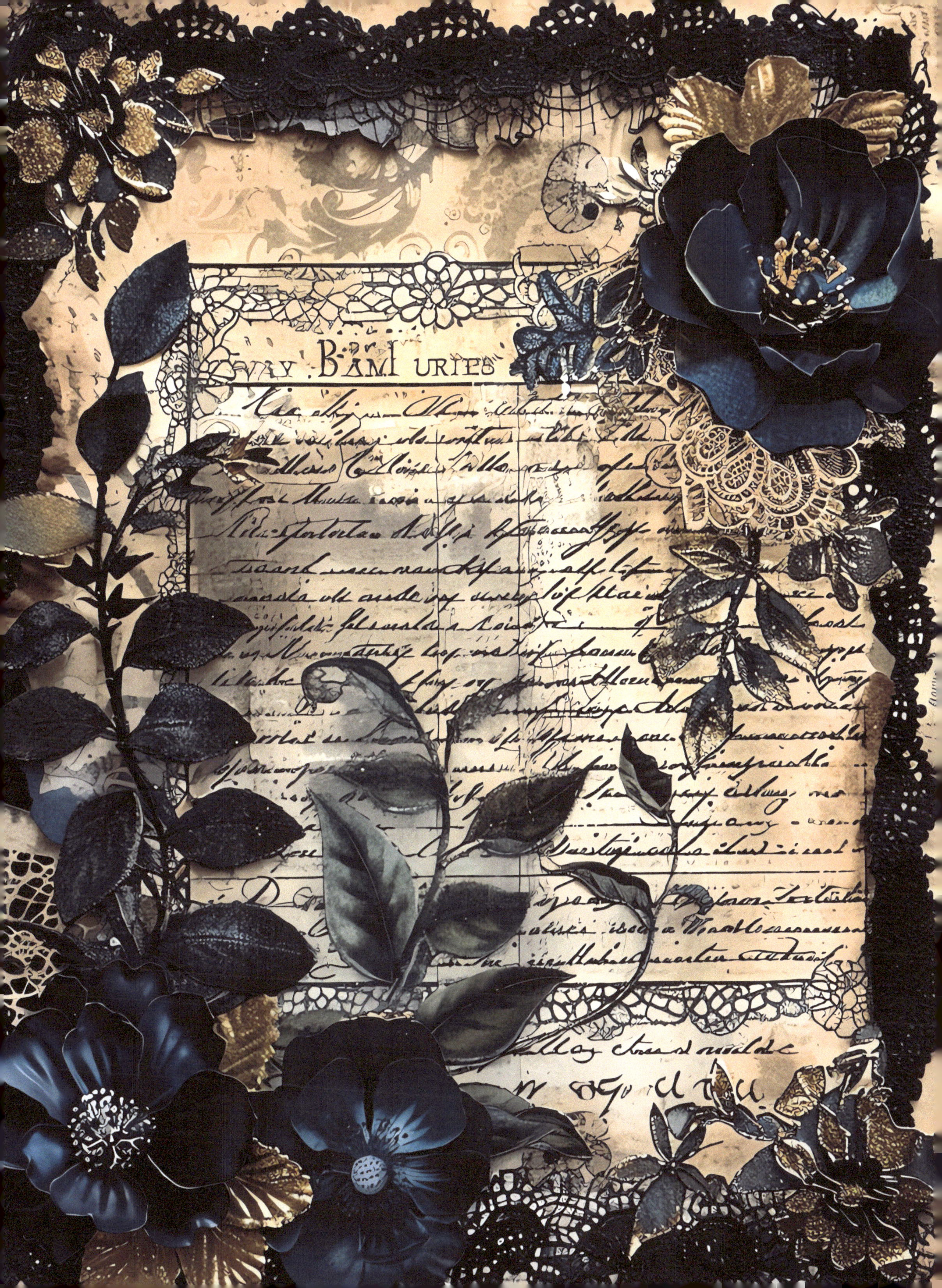

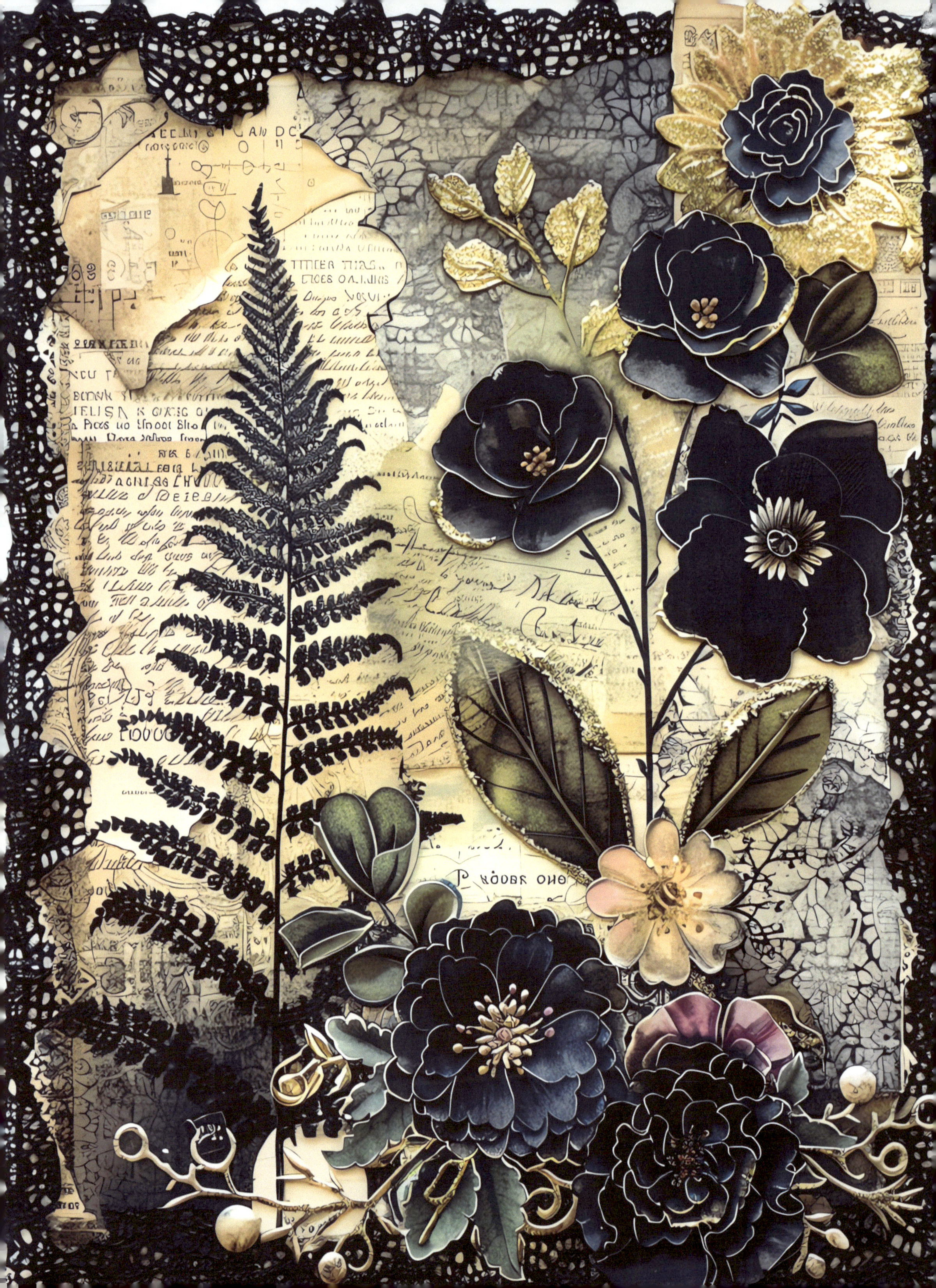

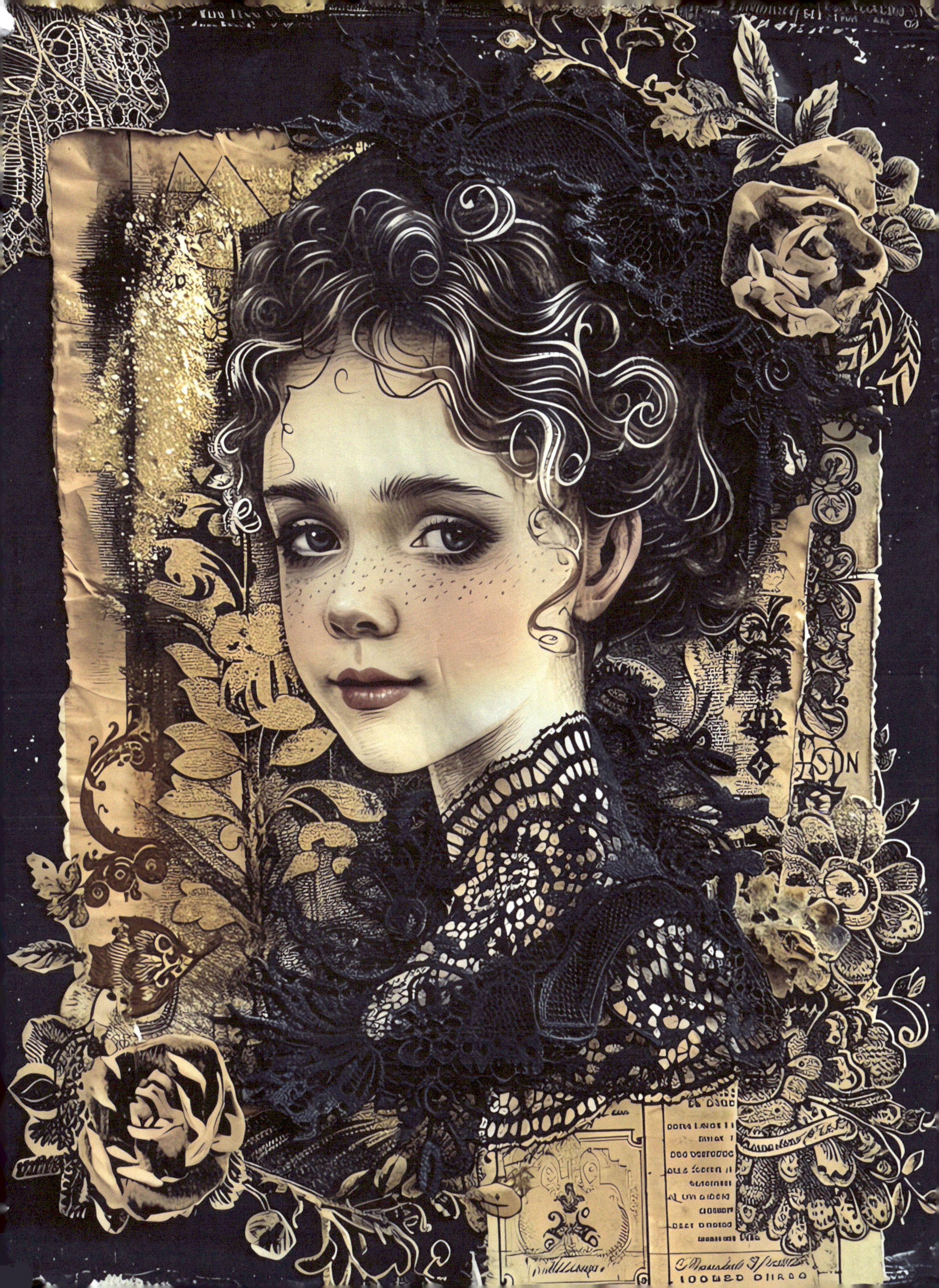

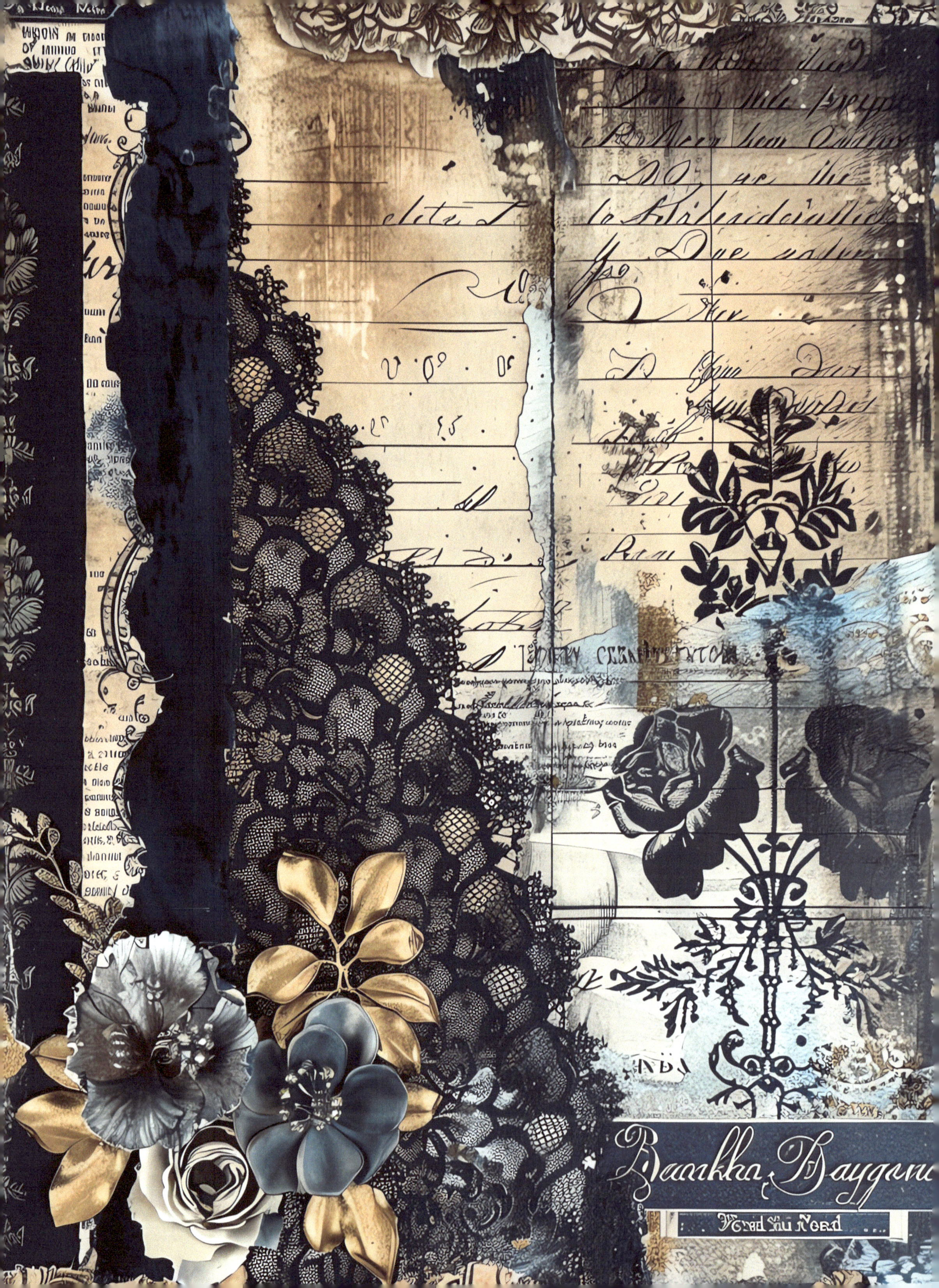

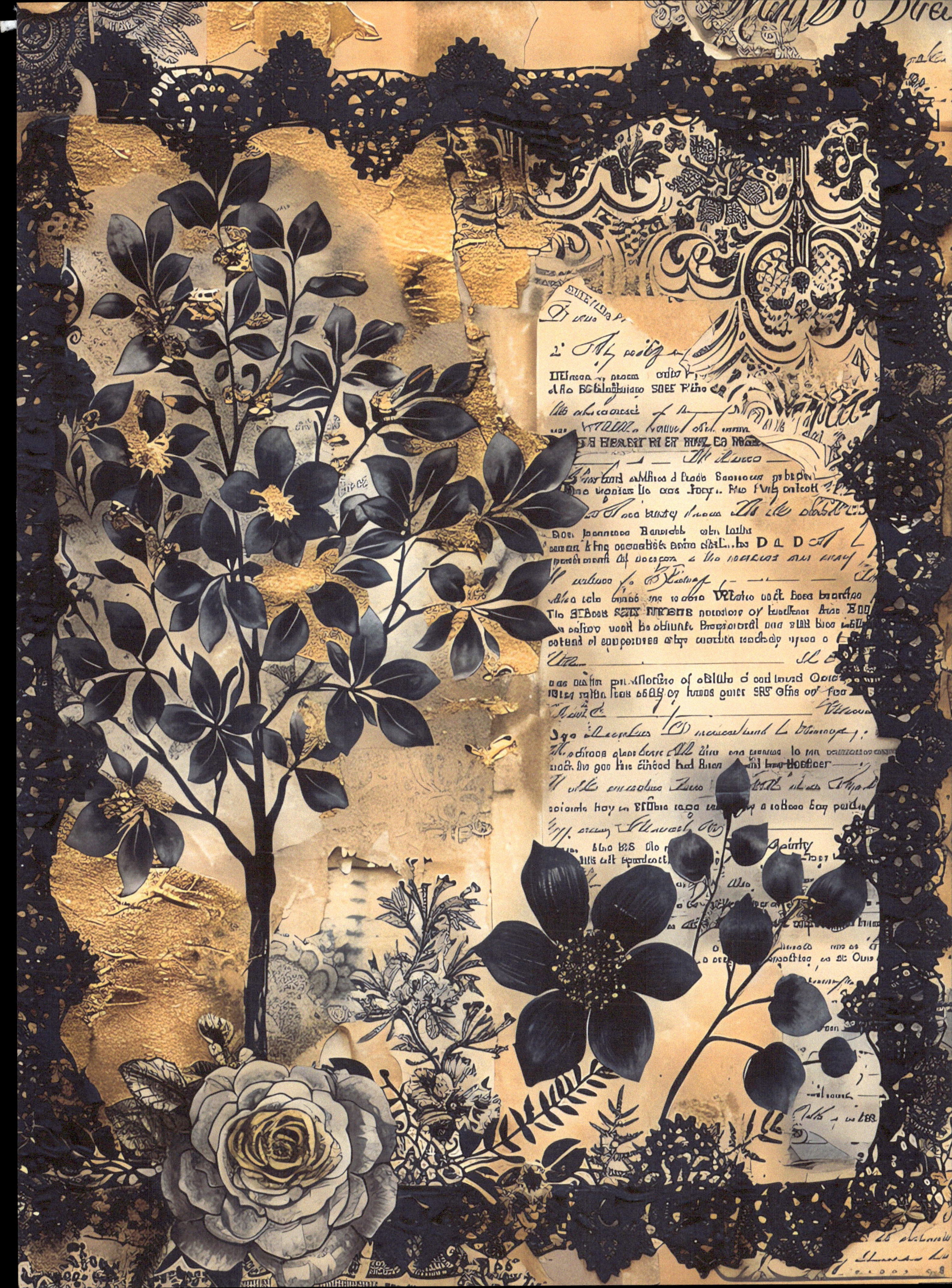

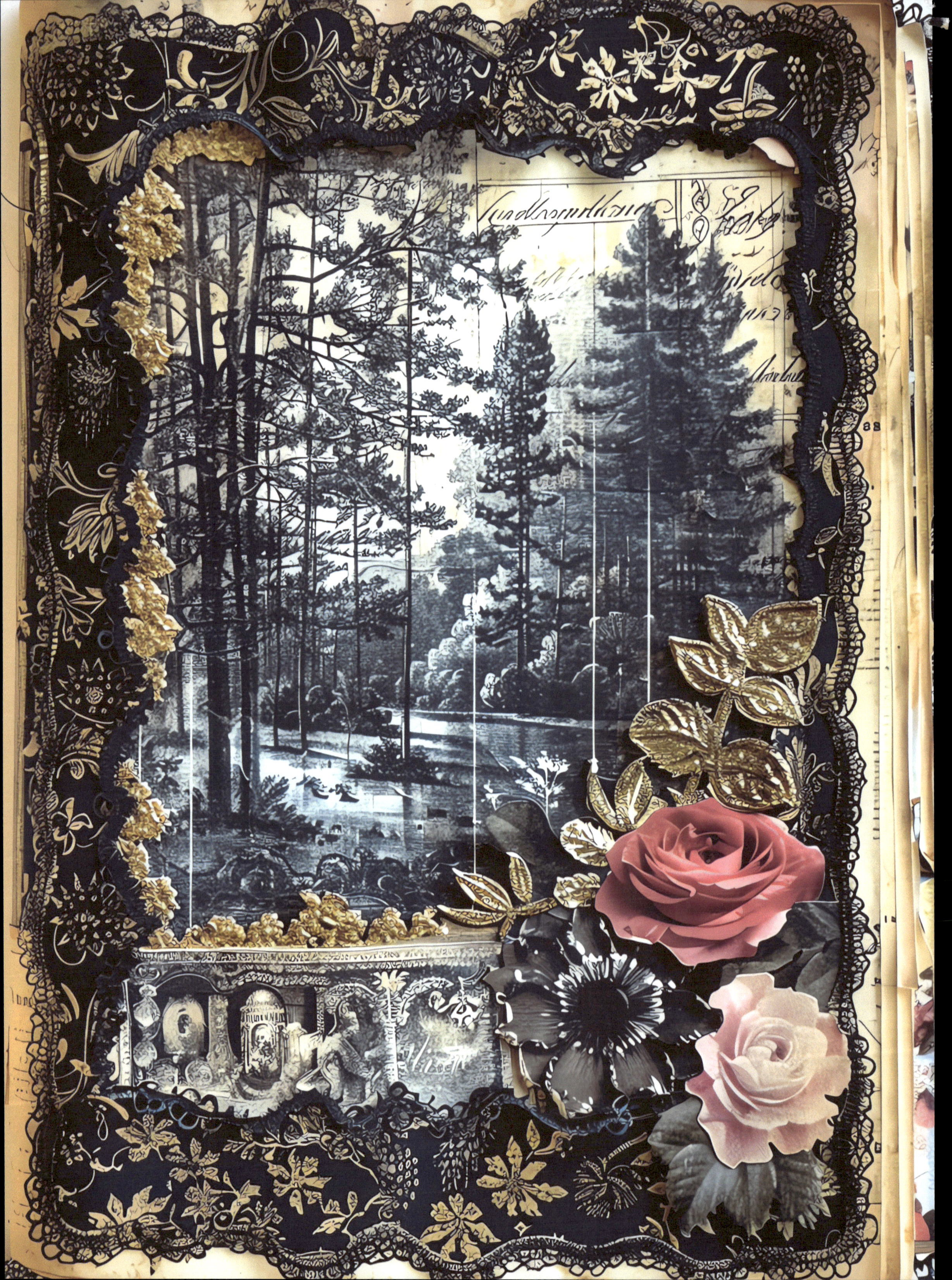

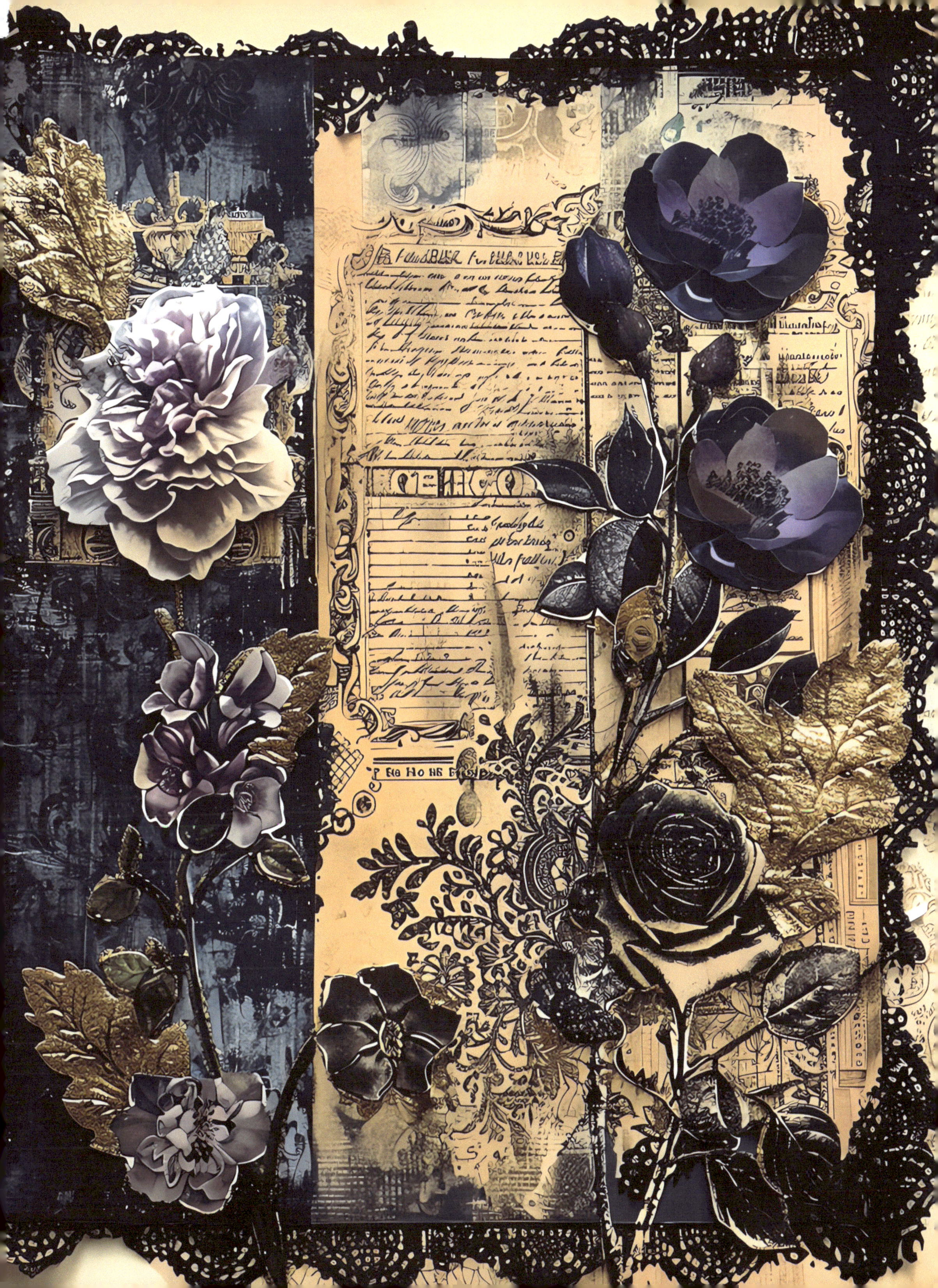

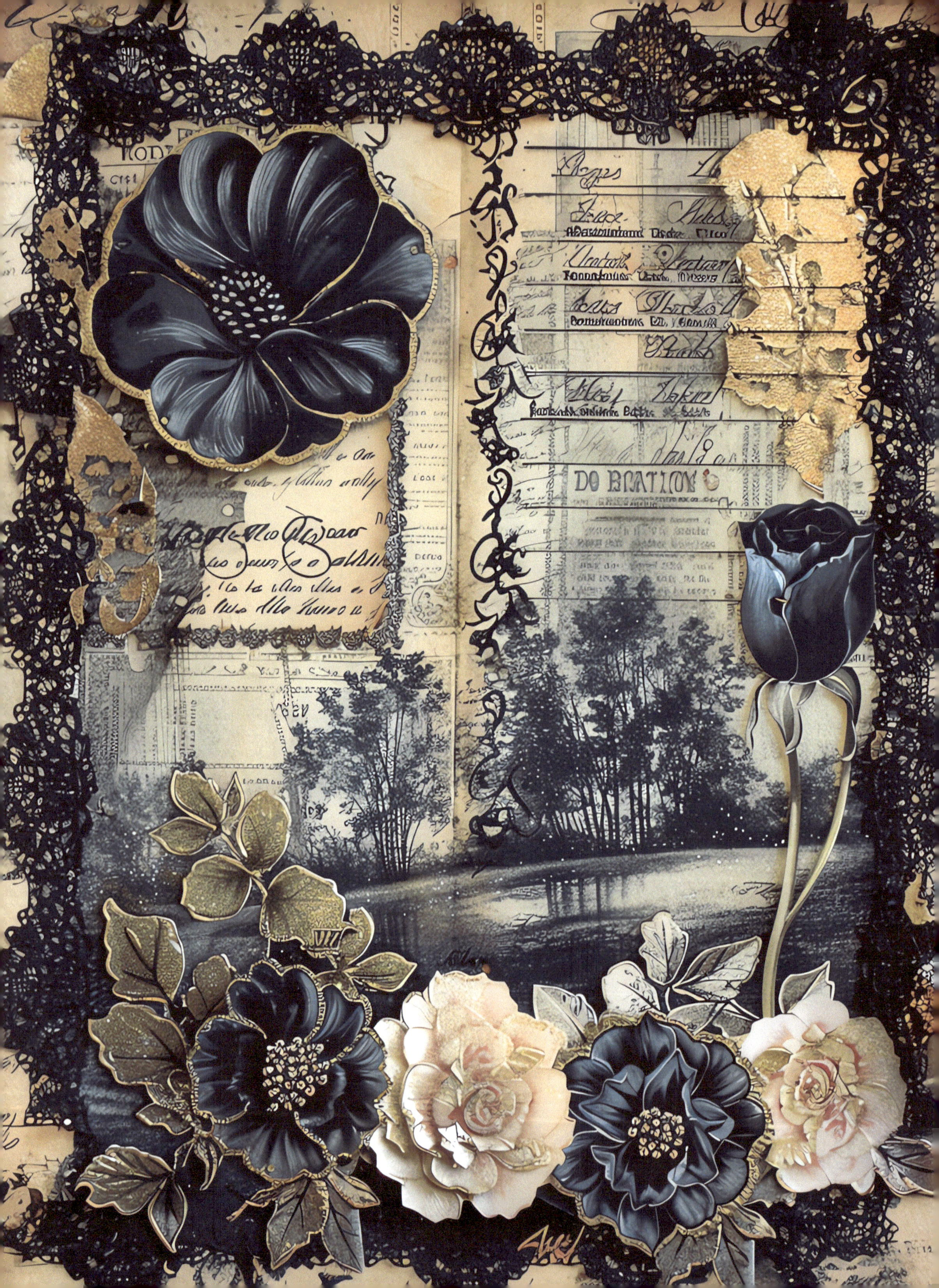
DO BRATION

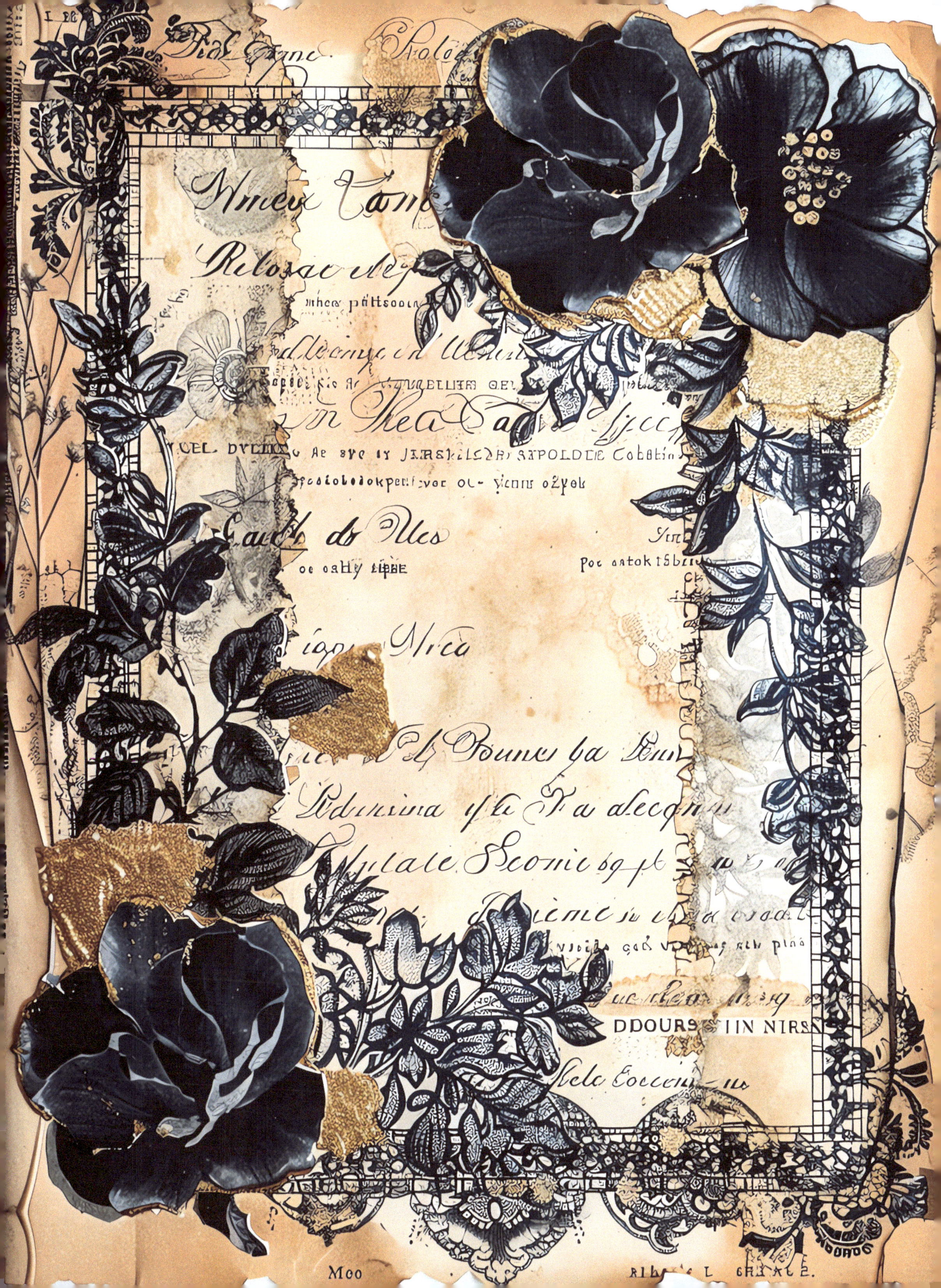

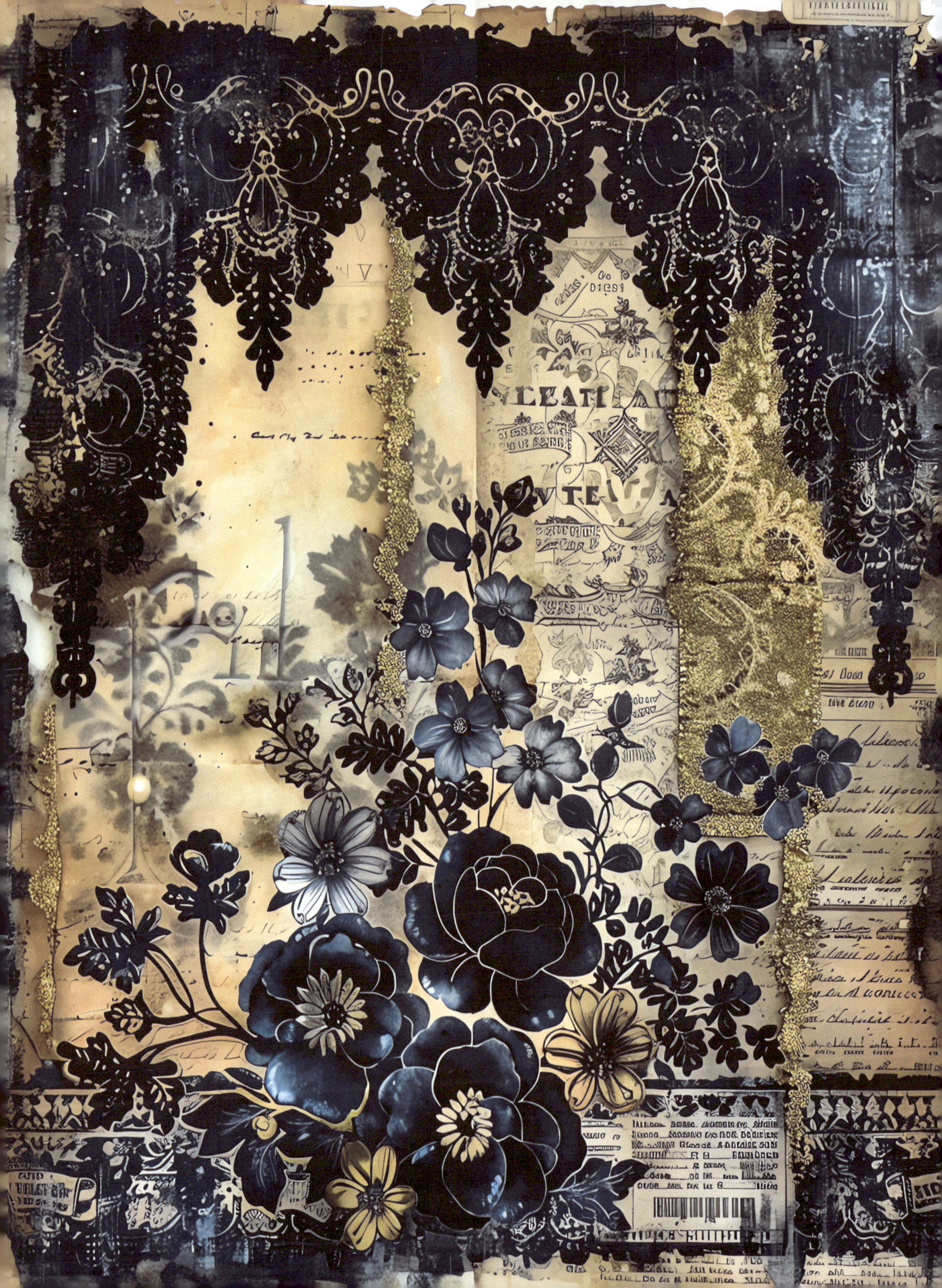

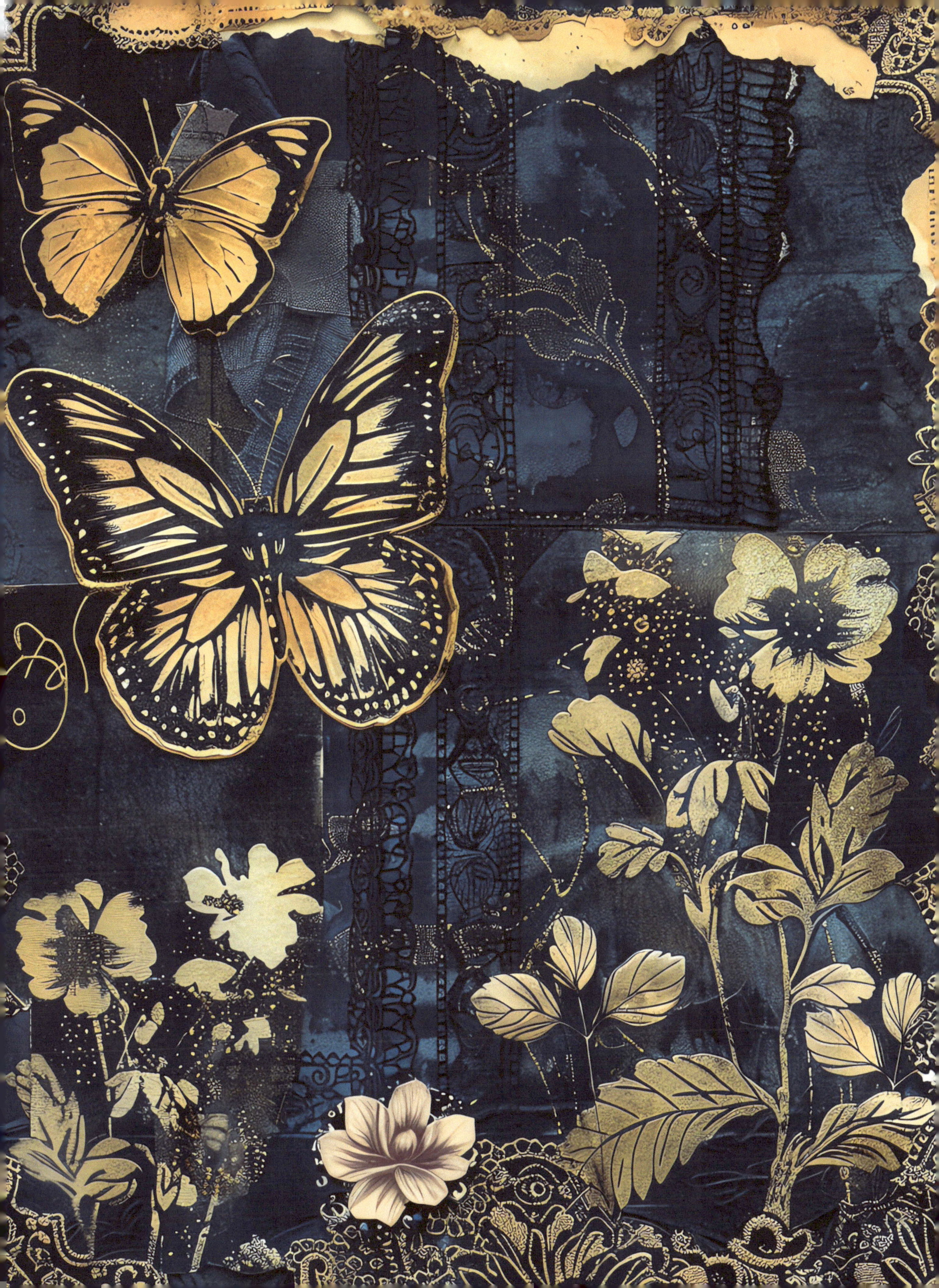

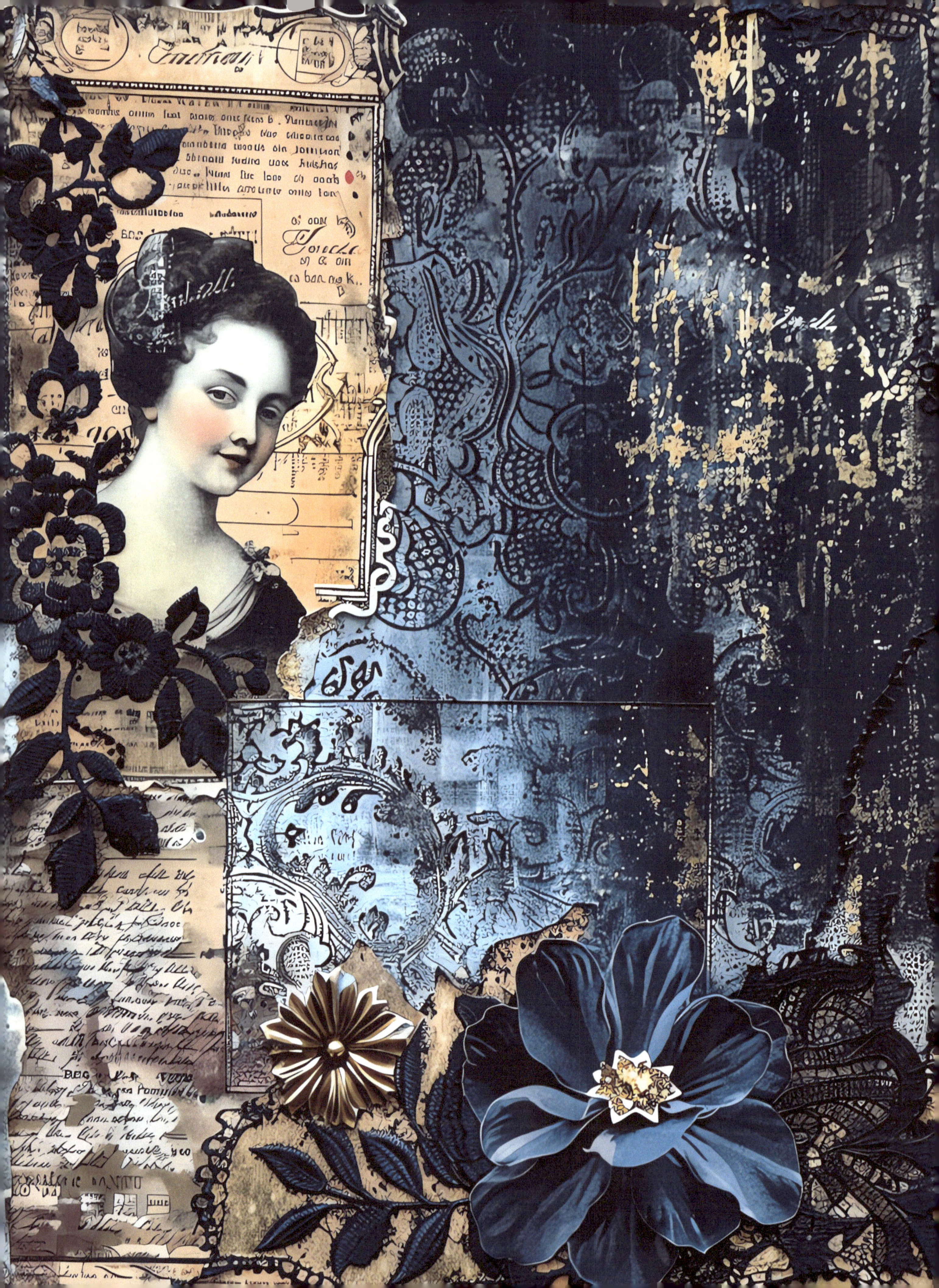

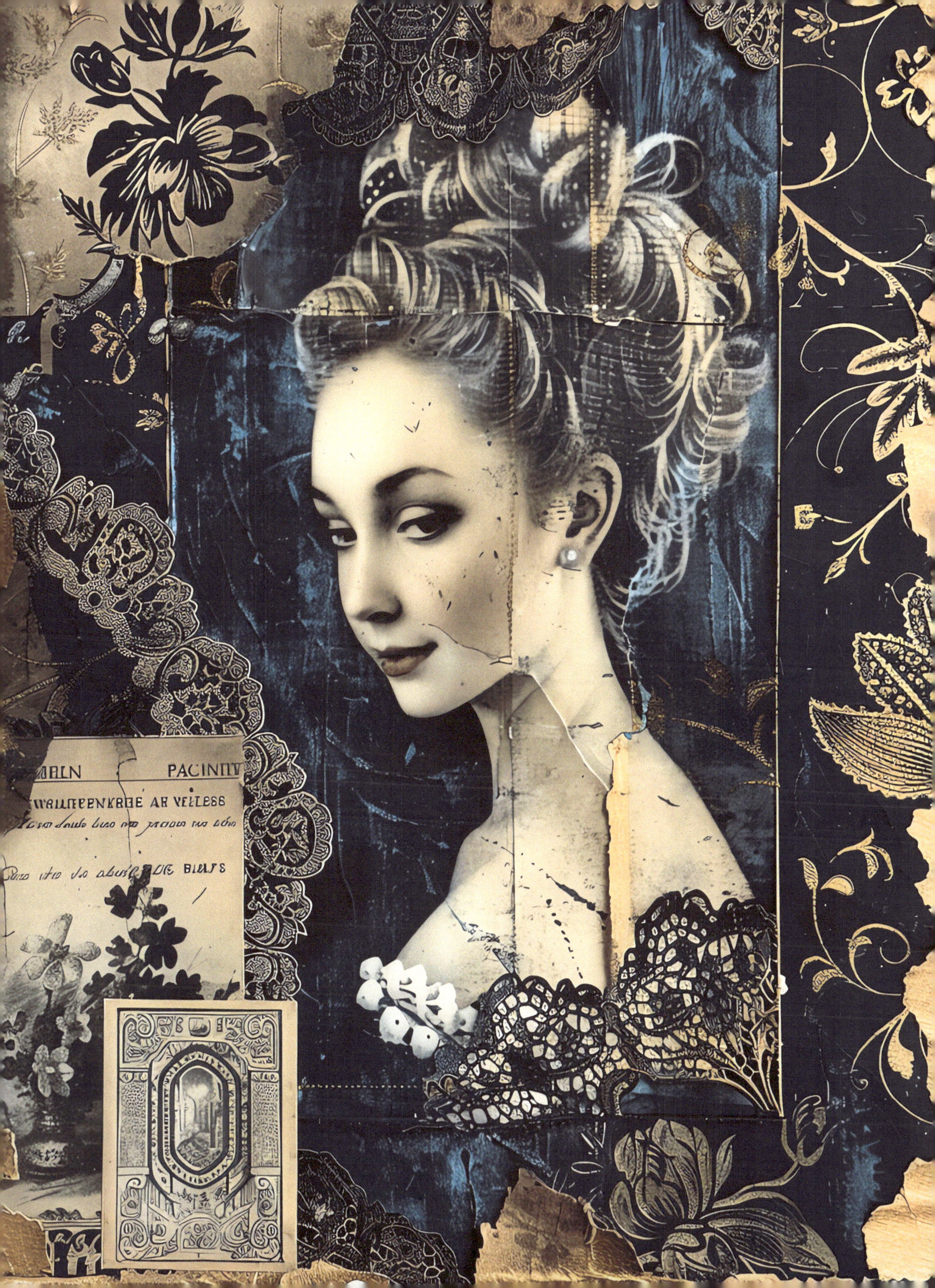
PACINIT

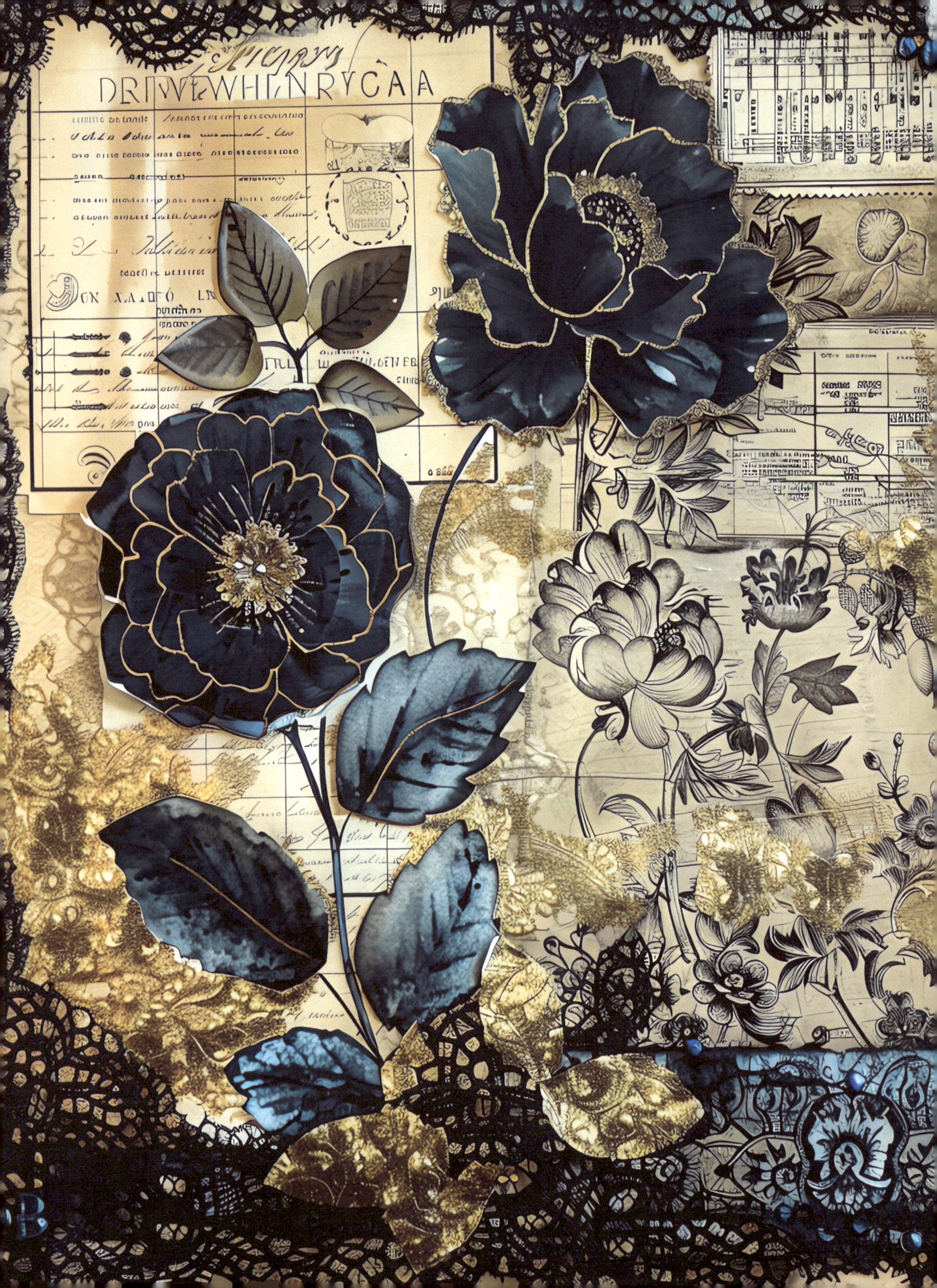

www.ingramcontent.com/pod-product-compliance
Lightning Source LLC
Chambersburg PA
CBHW040442220526
45473CB00004B/1498
* 9 7 9 8 3 0 1 2 2 8 6 7 4 *